最佳实用致辞大典

最新领导致辞

精彩绝伦的讲话，篇篇经典

ZUIJIASHIYONGZHICIDADIAN
JINGDIANCHANGXIAOBAN

肖淑琛 ◎ 著

中国文史出版社

图书在版编目（CIP）数据

最新领导致词/肖淑琛著.——北京：中国文史出版社，2014.10（2022）重印
ISBN 978-7-5034-5321-2

Ⅰ.①最… Ⅱ.①肖… Ⅲ.①领导人员—演讲—语言艺术 Ⅳ.①C933.2②H019

中国版本图书馆CIP数据核字（2014）第212953号

责任编辑：刘 夏
封面设计：北京高高国际文化传媒有限责任公司

出版发行：中国文史出版社
网　　址：www.wenshipress.com
社　　址：北京市西城区太平桥大街23号 邮编：100811
电　　话：010-66173572 66168268 66192736（发行部）
传　　真：010-66192703
印　　装：北京毅峰迅捷印刷有限公司
经　　销：全国新华书店
开　　本：16开
印　　张：15 字数：140千字
版　　次：2014年12月北京第1版
印　　次：2015年2月第2次印刷
定　　价：29.80元

文史版图书，版权所有，侵权必究。

前言

所谓领导力，指的就是当领导的能力。如果你觉得这个解释还是太抽象的话，用相对具体的定义来诠释领导力是这样的：领导力是指在管辖的范围内以最小的成本来达成某件事情的最高效率。根据领导力的定义，我们会看到它存在于我们周围，在管理层、在课堂、在球场、在政府、在军队、在上市跨国公司、在小公司甚至在一个小家庭中，我们可以在各个层次、各个领域看到领导力，它是我们做好每一件事的核心。

一个头衔或职务不能自动使人拥有领导力。在领导大家的工作过程中，说服比命令有效，引导比驱赶有效，鼓动比强制有效。领导意志的贯彻、工作的推动，很多时候需要依靠口才。而领导者在具体的工作事务中，不可能总是一对一地交流、沟通、传达、汇报，很多时候需要面对以一对十、百、千，甚至更多的人来表达自己、传播自己。因此，领导致辞也是一项重要的领导力。一个有领导力的人，他善于说服、引导、鼓动、激励别人跟随自己，而不是简单地用命令与威胁的手段来驱使他人。

谈锋凌厉的马云，口若悬河的严介和，循循善诱的牛根生，字字珠玑的鲁冠球，数情四射的俞敏洪，语不惊人死不休的潘石屹……看财富榜上那些挂着董事长、总裁、CEO之类头衔的璀璨明星，哪一个不是在公众面前、在下属面前张口即来，来之能道，道之有理？

不同水平的领导者其致辞产生的效果也是不同的，致辞水平高的人，谈吐隽永，妙语连珠，口若悬河。这样的人，往往容易赢得他人的友谊、信任、支持和帮助，在事业上也容易获得成功。而不善于致辞的人，常常在公众面前脸红心跳，语无伦次，词不达意。

这样的人，就容易被人忽视，他的才华也很有可能被埋没。因此，提高致辞水平已是身为领导者必须修炼好的一项基本功。

本书全方位地介绍了领导致辞写作技巧和致辞写作经典范例。并做了详细全面的场景设置，以帮助读者快速提升致辞品质和情景适应能力。本书范例齐全，语言生动，格式明了，文体丰富，是不可或缺的公文写作、演讲致辞、口才艺术、应酬交际、情景应对全书。

全书分为九章，内容涵盖了领导工作会议致辞、领导欢送致辞、开闭幕闭式致辞、节日致辞、慰问致辞、公务礼仪活动致辞、吊唁辞、岗位变动致辞、答谢致辞、通过媒体对外致辞，集各行各业、各种身份的领导在各种场合下的致辞于一体，从理论到实践，从语言规则到表达技巧，从礼仪习俗到讲话素材，条分缕析，面面俱到。无论你扮演何种角色，在何种情况下，喜好何种风格的致辞，本书都能够为你提供最理想的方案，让你在各种场合下的演讲都能语出惊人，让听者印象深刻，过耳不忘。

愿你凭借本书，一语惊人，扶摇直上，创造绚丽多彩的人生。

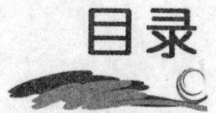

目录

第一章

领导致辞基础

口才,是一切才能的先行官,是成名的捷径。发生在成功人士身上的奇迹,一半是由口才创造的。一个优秀领导人的风范不仅仅体现在他们艰苦奋斗的事迹里,更体现在其举手投足、一言一行之中。领导只有掌握了说话的技巧,提高自己的致辞水平,才能在各种演讲场

领导致辞的概念与特点/2

领导致辞的撰写/4

领导致辞的艺术/7

让致辞生动形象/11

设计精彩的开场白/16

脱稿讲话的技巧/20

让致辞"一针见血"/23

用心准备你的致辞/25

勇敢的心让语言更有威慑力/27

言不在多,达意则灵/31

回答环节的技巧/35

如何有效控制致辞现场/39

致辞中的禁忌要领/44

第二章

会议致辞

会议致辞是领导与公务活动的一种方式,只要做领导工作,就离不开会议致辞。致辞的好坏直接影响着会议的效果和领导者在公众心目中的形象。因此,一席成功的致辞,能有效提升领导者的形象和威望,提升领导者的人格魅力。

万能结构模板/50

高考庆功致辞/53

运动会庆功致辞/55

表彰劳模致辞/57

小型庆功会、表彰会致辞/60

表彰优秀教师致辞/63

表彰优秀员工致辞/65

表彰"五好家庭"致辞/67

"创建优秀单位"动员大会致辞/69

民主评议动员大会致辞/71

第三章

欢迎、欢送致辞

欢迎辞是国家机关或单位在举行隆重庆典、大型集会、欢迎仪式或洗尘宴会上，领导对宾客的来临表示热烈欢迎而使用的致辞。通过致欢送辞，让宾客感觉到自己受到了热情礼遇，从中感受到主人的走遍，更好地促进双方的感情，增进双方的友谊和团结，增强活动的效果。

万能结构模板/76

欢迎上级考察致辞/81

欢迎上级领导检查工作致辞/83

文化节欢迎辞/85

书画节欢迎辞/87

开业欢迎辞/89

联欢会欢迎辞/91

奠基欢迎辞/93

欢送毕业生致辞/95

欢送退伍军人致辞/97

欢迎新兵入伍致辞/99

欢送访华人士致辞/102

欢送前任领导致辞/104

欢送离职人员致辞/105

第四章

开幕式、闭幕式致辞

开幕式致辞一定要努力创造出"转轴拨弦三两声，未成曲调先有情"的良好氛围，为活动的正式开始蓄势兴波。而闭幕式致辞既是对活动和会议基本内容的突出和强调，又是对活动和大会的总结。其作用主要是总结文体活动和会议的收获，要求继续推进活动，贯彻落实会议精神。

万能结构模板/108

学校运动会开幕式、闭幕式致辞/111

文艺汇演开幕式、闭幕式致辞/114

职工代表大会开幕式、闭幕式致辞/116

竞技比赛开幕式、闭幕式致辞/118

论坛开幕式、闭幕式致辞/121

文化开幕式、闭幕式致辞/123

研讨会开幕式、闭幕式致辞/125

学术会议开幕式、闭幕式致辞/127

洽谈会开幕式、闭幕式致辞/130

第五章

节日致辞

如果日子是一座花园,节日就是绽放于绿叶间的朵朵鲜花;如果日子是一片暗蓝的夜空,节日就是一颗颗闪亮的星。领导干部的节日致辞旨在在节日中,烘托热烈的气氛,对参会人员致以节日祝福,在总结以往取得的成就上,争取取得更大的成变。

万能结构模板/134

元旦致辞/135

春节致辞/137

元宵节致辞/138

植树节致辞/140

"五一"劳动节致辞/141

儿童节致辞/143

端午节致辞/144

建军节改致辞/145

教师节致辞/147

中秋节致辞/148

国庆节致辞/149

第六章

慰问致辞

良言一句三春暖，一名寒暄，温暖人心。慰问是一种文化，它是情感的传递，而非"官场走秀"。慰问辞也要体现关心、慰问之意，避免使用严肃的词语，应努力营造轻松的氛围；如有鼓舞士气等内容，则要用激昂的语言、高涨的情绪将慰问、鼓励之意充分表达出来。

万能结构模板/152
中秋节慰问外来工作人员致辞/155
慰问中国人民解放军致辞/156
慰问员工家属致辞/158
慰问地震灾区人民致辞/159
慰问公安英烈家属致辞/160
慰问防汛抗灾人员致辞/164
慰问矿难单位致辞/165
慰问隔离群众致辞/166

第七章

答谢辞

自古以来，人们就提倡"礼尚往来""知恩报德""来而无往非礼也"，于是在人际交往中便有了"谢"的言行:或揖拳,或鞠躬,或以言辞道谢,或以纸笔作。答谢辞能够最充分、最有效地表达谢意,在社交、外交日益频繁的当代社会,已经发挥着越来越管重要的作用。

万能结构模板/170

出国访问答谢辞/172

参观、访问企业答谢辞/173

祭祖活动答谢辞/174

答谢来宾致辞/175

答谢员工致辞/177

答谢家属致辞/178

答谢客户致辞/180

第八章

公务礼仪活动致辞

随着现代社会的快速发展,人们之间的交流越来越频繁。礼仪活动成了现代社会不可缺少的交际手段。礼仪活动有很多种,其中的一项便是公务礼仪活动。公务礼仪活动致辞,内容要简明扼要,感情要真挚、自然。

万能结构模板/182

工程竣工致辞/183

接见与会代表致辞/185

会地外国代表团致辞/186

接见驻外使节致辞/188

"国际残疾人日"致辞/189

招商引资签约仪式致辞/190

企业签约仪式致辞/192

成立挂牌仪式致辞/193

烈士纪念碑园奠基仪式致辞/195

学校与企业签约仪式致辞/197

第九章
岗位变动致辞

好的竞选致辞可以更好地向别人展示自己、"推销"与打造自己,从而获得更多的机会和支持者。岗位变动致辞一要体现出致辞人积极乐观的态度,具体内容可以根据岗位变动后的工作内容合理安排。

万能结构模板/200

高速公路公司领导就职致辞/202

竞聘法院领导致辞/205

竞聘招商局领导致辞/207

竞聘党校领导致辞/209

竞聘省委办公厅领导致辞/211

竞聘市委办公厅领导致辞/214

国税局领导调动致辞/217

劳动局领导就职致辞/219

文联主席就职致辞/221

医院领导就职致辞/223

烟草局领导调动致辞/225

第一章

领导致辞基础

口才，是一切才能的先行官，是成名的捷径。发生在成功人士身上的奇迹，一半是由口才创造的。一个优秀领导人的风范不仅仅体现在他们艰苦奋斗的事迹里，更体现在其举手投足、一言一行之中。领导只有掌握了说话的技巧，提高自己的致辞水平，才能在各种演讲场合语出惊人，让听者印象深刻，过耳不忘。

领导致辞的概念与特点

致辞最早出现在屈原的《九章·思美人》中："因归鸟而致辞兮，羌宿高而难当。"随着社会的发展，致辞已经有了更为广泛的意义，《辞海》对此解释为"用文字或语言向人表达思想感情"，现在主要是指在举行会议或某种仪式时请具有一定身份的人讲话。

所以，领导致辞，就是领导在会议上或正式场合上的讲话，它是领导者传达政策、指导工作、宣传鼓动、公关活动、展示形象的重要工具，是领导者社会活动的重要组成部分，是领导者管理水平的重要表现。

领导致辞主要有以下三个方面的特点：

主题鲜明，针对性强

无论是举办活动还是召开会议，都是有一定主题的。领导代表本单位致辞时，在其职权范围内，不仅要宣讲政策，分析形势，提出意见或建议，还要从实际出发，针对问题，处理公务事项，从而达到教育、影响下属群众的目的。从这个意义上来说，领导致辞是领导代表本单位对有关方针、政策的贯彻作出指示。高水平的领导致辞必须主题鲜明、观点正确，支持什么反对什么要态度明确，具有针对性。反观有些领导的致辞，经常游离于主题之外，甚至不着边际，使听众弄不清领导的立场、观点，甚至听得一头雾水、昏昏欲睡。

在一些特殊场合，为了表示欢迎、答谢、祝福、哀悼等意图，领导致辞需要具有一定的情感基调，以引起听众的共鸣。此时，更需要有感而发，以情动人，切忌装腔作势，无病呻吟。

内容新颖，创新性强

优秀的领导致辞，绝不是简单的"传声筒"，而是包含着一定主体精神的再创造。致辞中是否有创新。体现了领导认知水平的高低，决定着听众的认可与接受程度。创新有两种主要方式：一是讲一些听众并不熟知的道理和材料；二是将大家熟知的道理和材料，换一个角度来讲，阐发出新意。比如。政策界限是从事具体工作的人所关注的，如果把一些具体问题放在大的政策界限上来阐述，就会显得很新颖。再比如，针对工作中的热点、难点问题，用新的思维方式来思考并予以解答，就会引人入胜。但在现实中，我们经常看到许多领导一方面热衷于开会作报告，另一方面所讲内容却又千篇一律，没有什么新意，甚至言之无物，让人生厌。

当今，社会上举行各种活动时，都把领导是否出席和出席领导级别的高低作为衡量活动重要与否的主要标志。考虑到领导致辞的导向性作用，领导如果没什么可讲的，不如不讲，如果讲了却没多少新意，不如少讲。

考虑周全，互动性强

领导致辞要考虑周全，此处的"考虑周全"不仅指致辞的内容要全面、准确、深刻，能够完整表达领导的思想意图，还需要充分考虑到听众的组成、群体性质和现场感受，从而营造良好的现场互动效果。

上海某高校举办毕业典礼。首次邀请毕业生家长参加。有关人员在草拟领导致辞时，忽视了这个情况。结果，学生家长从四面八方来了，有些甚至是不远千里，但领导在致辞中却只字未提，给大家留下了诸多遗憾。

由于许多大型活动参加者众多，人员组成比较复杂，有些人员如志愿者、工作人员等，有时会在领导致辞中被遗漏。这往往会造成不良的影响：听众会因此质疑领导以及活动组织者的水平，领导者的公众形象、组织单位的认可度也会大打折扣。所以，在准备领导致辞时，必须充分考虑各种组成要素，并在致辞中适当予以体现。这样，不仅能够充分展现本单位的工作成绩和工作能力，有利于下一步工作的开展，还能在一定程度上展示领导的政策水平和领导能力，赢得听众的尊崇和喜爱。

领导致辞的撰写

有位著名的演讲家说过一句经典的话："讲话不在于你讲了些什么，而在于听众听到了什么。"在领导致辞时，听众感受、现场气氛是相当重要的。所以，在撰写领导致辞时，一定要围绕主题，以带动现场听众的情绪，营造良好的氛围。

首先，寻找"由头"

万事开头难，好的领导致辞其开头更是如此。领导致辞稿有无新意，领导满不满意、听众想不想听，好的开头很关键。好的开头不仅是指内容上的新颖，不落俗套，还指形式上的简练、平易。致辞领导与听众之间需要一个思想、情感的"契合"过程。此外，好的开头还为整个致辞定下了基调。

那么，如何才能找到这样一个"由头"，达到感观上引人入胜，内容上抽丝剥茧、层层深入的效果呢？环境，不失为一个好的角度。从环境出发的方法，古已有之，称为比兴，此法巧妙自然，效果显著。比如自然环境里天气的变化、时节的更替、演讲地点的方位与环境，再如社会环境中政治、经济、文化、生活等领域中的热点问题，这些本来就"物之感人"，如果引入致辞之中，稍加点拨，便会引起共鸣，达到画龙点睛的效果。即使环境描述本身没有太大实际意义，也能起到"暖场"的作用。

第二，寻"灵感"

领导致辞的目标直接指向受众。是需要让台上、台下的受众去听的，因此，它是一种现场感很强的活动，需要用心去感受，用掌声去评价。所以，在写领导致辞之前，必须明确致辞受众的组成。

只有从听众的角度出发，考虑听众的所思、所想和所感，才能让人有所触动，有所启迪，有所思考，获得身临其境的现场感受。这样，你不仅能够明确在什么地方该写些什么、不该写什么，更主要的是，还能让你准确地把握住讲话的内在节奏，即使在写作过程中出现词语枯竭、思绪中断的情况，也能得到创作的灵感，将支离破碎的材料用情感的线索连接起来。

第三，课"布局"

我们知道，不少领导的致辞都是由秘书来完成的，领导要求秘书写某一致辞，有时会列一个提纲，有时会提几点要求，但大多数时候只是间接转达，没有明确的要求。为此，秘书在写作时，需要发挥主观能动性，自己揣摩、领会、思考。那么，思考的基点是什么呢？除了领导意图、受众愿望，更主要的是纵观活动本身，即从既定主题所包含的内容这个层面来构思。从致辞内容的角度进行构思。首先要明确主题内容，并依据内容来收集材料。其次，要从内容里归纳出主要意思，提炼出核心思想，并根据核心思想去粗取精。再次,从内容出发,升华出事情本身的意义和影响。这样,我们就可以杜绝虚假的讲话内容、卑微的唯领导意志以及软弱的唯受众观,真正做到从事实出发,直面问题,系统思考,给听众更直接的触动和更强有力的感染。

第四,既代表群体意志,又彰显领导个性

领导致辞是一种兼具公众性、互动性、自主性的讲话文体。从领导致辞中,我们不仅可以听到领导机关的声音,还可以直接感受到领导的个人水平和魅力。如何既代表群体意志,又彰显领导个性呢?

1. 站在致辞主体的角度看问题

领导本人是致辞的主体。致辞是有目的的,这个目的也往往是领导本人的目的,领导是理性的,即使在宣讲时情绪最激烈的时候也是如此。所以,在写领导致辞时,要学会从领导的角度看问题。

领导看问题,有其自身的特点:首先,比一般听众看问题更宏观、全面、深刻,比专家看问题更现实、可行,所以致辞不能太"专业",也不能太大众,语言表达要规范、得体,避免艰涩和口语化。其次,有不同级别的领导同场发言时,要从自己的角度、高度引申开来谈,要有强烈的针对性,不能超越自己的职权,不能侵犯别人的领域,否则就是不恰当的。再者。领导作为一个个体,还有着自己的气质、自己的个性特点,致辞时总是自觉或不自觉地使用着独具特色的表达方式。为此,领导致辞一定要具有领导的主体精神、贴近领导的口吻和讲话风格,真正做到"量体裁衣"。

2. 从自身角度去补充

一般来说,领导致辞是一种代言类文体,写作时不仅受众、场景是虚拟的,有时内容也是生疏的。因而,仅仅依靠模拟领导口吻是不够的。要写出好的讲稿，还要从写作者自己的角度予以补充。首先，写作者要参加一些与致辞内容相关的实践活动，积累感性材料，疏通自己的感情，只有与生活实际碰撞，才能激发出思想的火花。其次，要尽可能多地收集他人的间接经验，借鉴他们的实践和思考成果。第三，要勇于进行大胆的思考，发现新问题、提出新观点，使致辞在内容、思想、方法上有一定的创新。最主要的是，只有经过自己的消化、理解、吸收，材料才会鲜活。致辞才能成为一个有机的整体，才会令人欣喜、令人感动、令人思考，才会赢得掌声，产生影响。

我们或许都有这样的经历，一些名家的致辞或讲演，有时会出现一票难求的热烈场景。而在这些致辞或讲演的背后不仅仅是领导者思想的巨大投影，还站着一个个"智囊"和创作团队。

领导致辞的艺术

领导致辞要讲究艺术性已是不争的事实，但若单纯为追求致辞的艺术而刻意设计艺术形式，反而会显得矫揉造作、牵强附会。领导致辞所追求的艺术是实用艺术。一个领导讲话的微观性目的很多，具体的场合会有具体的致辞目的，但其最终目的是要做到使致辞内容深入人心，使听众心服口服，从而感染听众，促使其按照领导者的意图行动。

第一，语言朴实无华、感情真挚

一个人不可能没有情感，只要他一开口，总是在试图以自己的情感影响别人。我们常说,"动之以情,晓之以理""通情才能达理""感人心者,莫先乎情"。真挚而健康的情感可以感染听众,使之按照讲话者的意愿去行动。伴随真情实感的必定是朴实无华的言辞,过多的言语修饰有时会削弱情感的真挚度。

澳门特首何厚铧在选举获胜后召开了一次记者招待会,会上,当记者让他谈谈对澳门的认识、对自己参选的认识时,他说:"澳门是我生活、家庭和事业的根基,澳门的一切,伴随着我长大。澳门人的思想,熏陶我的性格;澳门人的忧乐,与我息息相关。我对澳门发自内心的热爱和归属感,鞭策我要贡献所长。在澳门重投祖国怀抱之际,我身为一个中国人,理应当仁不让,竭尽所能,以自己的一份热忱,来承担这一历史使命。我的参选是澳门人给我的一个机会,容许我把自己对澳门的深厚感情进一步升华。变成无私的奉献。"

上面短短的几句话里,既没有华丽的辞藻,也没有对选民的曲意逢迎,有的是自己对澳门发自内心的热爱,合情合理,不能不使听众为之动心、为之折服。

第二,内容充实具体,言之有物

要做到这一点。领导必须在讲话前做深入细致的调查研究,这是由领导的特殊身份和作用所决定的。领导者是被领导者行为方式的引导者。讲话者在开口前如果不了解听众的心理,就不可能做到讲话内容充实具体、言之有物、掷地有声。现实中不难看到一些领导由于事先没有做好深入的调查研究。在公众场合被邀请讲话时出现支支吾吾、左顾右盼的窘态。这样的讲话不仅不能起到引导和感召群众采取行动的目的。反而使自身形象和威信在群众心目中大打折扣。

春秋战国时的张仪为推行"连横"立下了汗马功劳,被誉为有"三寸不烂之舌"。他之所以能所向披靡,一个重要因素是他言之有物，讲话内容充实具体。他充分了解各国的形势和军事力量，了解各国国君和将士的心理，对自己的游说目标非常明确，从而使被劝说者心悦诚服。

第三，印象真诚坦率、言行一致

普希金说过："用语言去把人们的心灵点亮！"讲话时怎样才能用语言把听众的心灵点亮呢？那就是以坦诚的态度，说真心话、实在话，道出真实的感受。一个成功的领导者往往是不隐瞒自己对具体事物的观点和认识的，在对群众的讲话中，总能给人留下真诚、坦率的印象。如果群众发觉你说的是一套，做的又是另一套，他们就不会再信任你。领导的话讲得越具体、真诚、坦率，越能赢得群众的信赖！话讲得越抽象，离具体事物越遥远，给群众留下的印象越浅，赢得的信任度就越低。

周恩来总理所到之处，其讲话内容总能给人留下深刻的印象，其根本原因就在于他的真诚、坦率和言行一致。周总理曾在1949年5月做过一次"学习毛泽东"的讲话。在这次讲话中，他以一个彻底的唯物主义者的姿态，反对个人迷信和个人崇拜。他说：决不要把毛泽东看成一个偶然的、天生的、神秘的、无法学习的领袖。周总理对自己也是从不神秘化。他曾多次如实、公开地介绍自己的家庭出身、复杂的社会关系，以及自己成长的曲折过程。这种无产阶级革命家光明磊落的胸怀、平易近人的风格，使他与听众思想情感的交流始终处于真诚和坦率的氛围中，听众自然就很容易接受。他是这样说的，也是这样做的，这就是周恩来总理人格魅力之所在。

第四，内容深入浅出、旁征博引

领导致辞总有其目标性，一段讲话是否达到了它的预期目标，要看它是否被听众所理解和接受。听众理解了、接受了，才能明确自己的行动方向。反之，听众一头雾水，似懂非懂，是不可能配合领导者采取行动的。领导致辞的这一特性决定了领导致辞必须事先站在听众的角度上，依据听众的理解能力和接受能力联系实际、深入浅出。

陈毅同志在 1961 年发表的《在戏曲编导工作座谈会上的讲话》中对"局限性"问题的解释就是非常典型的一例。在讲话中，为了说明局限性。他列举了曹操、陶渊明、武则天、曾国藩等人的事例。通过对这些具体历史人物的精当中肯的分析和评价，既做到了联系实际，又做到了深入浅出，使"局限性"这一本来深奥抽象的命题变得浅显易懂，听众始终听得津津有味，丝毫不觉得枯燥难懂。

第五，框架高度概括、条理清晰

领导致辞一般都爱讲出个一二三四，这是条理性，比如在开会的时候，讨论一件事情，解决两个问题，发表三点意见等等。而高度的概括性就是要求讲话的框架具有高度的语言概括性，这里有两层意思：

（1）在条理性的基础上，用数字化的方式来进行概括。比如对于今年的工作；安排，有一个目标、两项达标、三项跨越等。

（2）体现文字功底，比如"我心目中的好官，要我来说的话就是四个字，那就是高、远、定、正。高就是站得高；远就是看得远；定就是要坚定不移地站在人民的立场上，为老百姓说话；正就是要方向正确，自身正直，一身正气为人民服务。"

让致辞生动形象

某县委书记在一次全县经济工作会议上。讲到"无功就是过"这一观点时，他讲了这么一段话：有些同志'小求有功，但求无过'的思想严重，对功过的理解非常错误。这让人联想到清代大才子纪晓岚写的《阎王断狱》的故事，有一个七品知县死后，昂然下到地狱，对阎王爷表白，说自己虽没有什么功劳，却一生为官清廉，每到一处，连口热水也不喝，只喝凉水。他满以为无愧于鬼神，必受褒奖。岂料阎王爷大发其火'为官一任，不能造福一方，能算好官吗？如果不贪即为好官，那还不如雕一木头知县放在那里，连凉水也不喝，岂不比你更清廉？要知道，无功即为过啊！'

这段讲话借用纪晓岚《阎王断狱》的故事，以栩栩如生的情节和点评吸引听众，引导大家去认清那些饱食终日、无所作为的庸官的面目。致辞者借这个饶有兴趣的故事，把不太好懂的事理讲得生动形象，给听众留下了深刻的印象。

领导干部在宣传党的方针政策、说服教育群众和表达自己的意见时，有时三言两语难以说清楚，长篇大论群众又很反感。如果领导干部能借用生动有趣的故事，化抽象为具体，变深奥为浅显，就会收到事半功倍的效果。具体说来，可以采用的措施有：

官方语言适当百姓化

我们所说的官方语言。就是关于马列主义、毛泽东思想、邓小平理论，以及党的路线、方针、政策等大是大非问题。由于领导者致辞面对的人群在知识水平、思维方式、认知程度、理解能力等存在较大差异，这就要求领导干部要善于用现实生活中的人和事，来解答人们普遍关心的热点、难点问题，从而达到阐释"官方意图"的目的。也就是要运用生动活泼的话语讲出来，让人感觉"是那么回事"。要达到这个效果，领导干部在具体实践中要力求多用生动传神的口语、谚语、俗语讲解，少出现手捧文稿诵读的情形；多用些可人、可听的土话、普通话，杜绝令人生厌的官话、空话、大话、套话；力戒板着脸空泛说教，力求诙谐、风趣和幽默。尽可能做到既通俗易懂，又生动形象；既言简意明，又娓娓动听。当然，语言要通俗而非俗气，切不可将一些不健康的顺口溜、荤话拿来作为激发人们兴趣的"作料"，把握一个尺度，在和风细雨中以生动活泼的话语将官方语言娓娓道出，使人于细雨润物中明白道理，于潜移默化中升华思想境界，从而达到一听就懂、听后解渴的效果。

深奥哲理形象化

一般来讲，抽象理论既抽象，又有些深奥，就一些基层干群而言，理解起来确实有点"费劲"。这就要求领导干部在致辞过程中要充分发挥"比喻"的作用，通过恰到好处的比喻，来形象化地表达抽象理论的深刻内涵。例如，某位领导在给农村支部书记上党课讲到"我国为什么要加入WTO"问题时，除了从大的方面进行阐述，还打了这样一个比方：加入WTO，就相当于在农贸市场上申办了一个摊位，只要你正当经营，市场管理部门会帮助维护你的一切合法权益；不加入WTO，就相当于在市场外自己摆了个临时摊点，经常会受到这样那样的种种限制，而且随时都有被取缔交易的危险。此语一出，不仅加深了理解，同时也给大家留下了深刻印象。

思想教育情感化

"情到理方出，情阻理难通"，思想政治工作是以人为对象的，人是有丰富感情的动物，最忌讳空泛说教，以势压人的训诫；忌讳不尊重人、不理解人、不关心人的官样作风。要以理服人，更须以情感人。领导干部在致辞时，要心中装有听众，切不可有职位感、优越感和高人一等的感觉，摒除生硬的、强制的、居高临下的态度。以极富人情味的方法进行解说，以"平民化"姿态，与台下听众进行心灵、思想的交流。著名教育艺术家、演讲家曲啸同志作思想报告时就很注意情理的感化。一次，曲啸同志到一所监狱给罪犯作报告，该如何称呼呢？叫"同志"当然不行，他们不够资格；叫"罪犯们"也不行，因为犯了罪的人最讨厌"罪犯"这个词。结果，他使用了"触犯了国家法律的年轻朋友们"的称呼，刚说完下面就拼命地鼓起掌来。有人当时就流下了热泪。一个简单的称呼为什么会有如此大的感染力？因为他不是在玩弄词藻，而是抓住犯罪者的心理，把"大道理"融于情感之中。称呼中用"朋友"一词，说明作报告者没有从内心歧视他们；在"年轻朋友们"前面加上"触犯了国家法律的"说明他们犯了国法，应痛改前非。来日方长，前途还是光明的道理，这对于我们广大领导干部致辞而言应该是不无裨益的。

说理论证实例化

从心理学的角度看，人们的心理趋向是求真、求实，只有真的东西才是可信赖的。百闻不如一见，事实胜于雄辩。所以，领导者在致辞时要善于运用充分的事实作为说理论证的依据，唯实、唯事，用事实说话，用典故作证，开诚布公地进行交流。比如几年前南京的一家报纸上刊载了一条骇人听闻的新闻："一台××冰箱爆炸"。并配以现场照片。这一突发的意外事件，对××冰箱厂来说无疑是一个沉重的打击。若处理不好则会严重影响企业形象和产品信誉。××冰箱厂的领导在处理该事件时，不是靠单纯的辩解，而是针列社会公众急于了解事实真相的心理，采用"事实充分交流法",用事实说话,即:电冰箱门被炸破了而冰箱仍在制冷,是用户将乙烷气瓶放入冰箱内而引起爆炸。从而赢得了广大用户的信赖,使企此摆脱了困境。由此可见,领导者运用事实来阐述道理,可以使说服更加有力。因为事实本身可以使领导言重如山,取信于听众。当然,采用实例来进行说理论证,要求领导者在致辞前要准确把握事实。在致辞中巧妙地运用事实。

具体要求条款化

大凡领导致辞,总要提出一些具体要求。为了便于与会者真正领略会议的精神实质,把握住具体工作要求,领导者应将所提要求具体列项,明确提出一、二、三、四等几点条款,切不可冗长、拖沓,更无须不着边际的套话,让人"丈二和尚摸不着头",做到纲举目张,这样,才能使广大听众准确、全面地把握领导者致辞的真实意图。

借比喻析事

在致辞中,比喻是一种常见的手法。它可以化复杂为简明、化抽象为具体、化枯燥为生动。借比喻来剖析事理,是简易有效的致辞方法。在2004年3月召开的全国人大会议上,讨论到区域经济协调发展的重要性时,云南省委书记白恩培打了一个形象的比方:"一个1岁的娃娃和一个99岁的老人,平均年龄是50岁,单从平均数上看,两人正是年富力强的好时候,可实际上老的老、小的小,谁都无法工作。去年,我国人均GDP首次突破1000美元,但具体到各个地区,差距可就大喽。所以,中央提出要统筹区域发展,就是为了解决各地发展不均衡的问题。"白恩培的话娓娓道来,妙趣横生,赢得了代表们的一片笑声和掌声。"区域经济协调发展的重要性"是一个深奥的经济问题,要想在短短的几分钟时间将它讲清楚,显然不太可能。白恩培却用"1岁的娃娃和99岁的老人"这样的比喻，对中央"统筹区域发展"的重大决策进行了形象的解读，高屋建瓴却又通俗易懂，生动有趣却又准确恰当，难怪会赢得代表们的一片笑声和掌声。

借俗语增色，借新调出彩

俗语是老百姓在日常生活中常用的一些约定俗成的口头语言，因其生动鲜明、通俗易懂，为人们所喜闻。领导干部在致辞中恰当地运用俗语，不仅能增强表达效果，还让群众喜欢听，易于接受。某县国税局连年完不成税收任务。仅2005年上半年，全县就欠税350多万元。临危受命的张局长上任不久，就召开纳税大户座谈会。会上，张局长在听取意见后说："朋友们、同志们！我天生是个'二杆子脾气'，说话、办事都是捎竹竿过城门——直来直去，从来不搞弯弯绕。我到这儿任国税局长，一不图官，二不图钱，就图个痛痛快快干事。初来乍到，新官上任我不烧三把火，但要踢好头三脚，请各位给点面子，多支持多配合。大家放心，不该收的钱，我们一个钢镚儿也不收，该纳的税，你们一个子儿也不能少，这是原则。尽管这事已经火烧眉毛了，但我还可以给大家一周的时间准备。下周的这个时候，我希望看到一个皆大欢喜的结果！"会后，在纳税大户的带动下，上半年拖欠的税款一周内便缴清了。张局长说自己脾气，谈工作态度，提任务要求，引用了诸如"二杆子脾气""捎竹竿过城门——直来直去"等俗语，营造出轻松自然的交流气氛，巧妙地拉近了与纳税人的心理距离。言语俏皮又不失身份，态度坚决却不咄咄逼人，显现了他果断的性格和干练的作风，给人一种"实实在在、说一不二"的印象。

领导干部致辞要力求与时俱进，讲"新鲜话"，不能人云亦云，套话连篇。只有这样，才会让听众喜闻乐听，引起心灵和情感上的共鸣。在一次反腐倡廉专题会议上，一位县纪委书记讲了他自己对"红包现象"的看法："如果爱他，就给他红包，因为红包可以让他上天堂；如果恨他，就给他红包，因为红包可以让他下地狱。红包这东西，真是让人欢喜让人忧。生活中，老人庆寿，小孩过生日，朋友有喜，包上一个红包，表示祝福，这是人之常情，但如果把这套人之常情异化，用到我们干部身上，变成了红包开路，权钱交易，那就不能熟视无睹、不闻不问了。希望大家高度警觉，及时安装好思想意识上的'防火墙'，并经常'升级'更新。只有这样，才能抵御'黑客'的攻击，防患于未然。同时，面对那些不怀好意、别有用心的'红色诱惑'，既不能'心太软'，更不能'手太长'。否则，等到东窗事发，才知道'都是红包惹的祸'，可已是悔之晚矣！到时候，只能'独自一个人流泪到天亮'啦……"这位领导在致辞中，巧妙地化用了电视剧《北京人在纽约》中的经典台词，又套用了流行歌曲中的唱词，还引用了"防火墙""黑客"之类的网络词汇，把某些腐败分子利用"红包"行贿受贿、权钱交易的丑恶现象揭示得十分透彻，把腐败分子的蜕变过程、心理感受、可耻下场作了形象的展示。这样的致辞，既新意盎然，又幽默有趣，听众自然爱听。也容易入耳、入心。

设计精彩的开场白

任何形式的致辞，开头总是关键。在致辞开始后的几分钟或者几秒钟内，听众通常会决定是否接受致辞，是否听下去。有趣的是，准备致辞从来不是从开头入手，而是应当先确立致辞的目的，然后围绕目的收集材料，并将材料加以组织整理，最后要做的才是着手准备开头。只有这样，才能更好地选择正确而恰当的开头方式。那么，应当怎样准备好致辞的开头呢？

开头要能吸引听众的注意

致辞开头成败的关键在于能否吸引并集中听众的注意力。致辞时获取听众注意力的方式随题材、听众和场景的不同而改变。一般可以运用事例、逸闻、经历、反诘、引言、幽默等手段达此目的。例如，麦克米兰石油公司副总裁迈克斯－艾萨克松在一次致辞的开头中便运用了引言和反诘的方法来吸引听众：

我们都知道，致辞是件很难的事。但是请听听美国前国务卿丹尼尔－韦伯斯特是怎么说的吧："如果有人要拿走我所有的财富而只剩下一样。那么我会选择口才，因为有了它我不久便可以拥有其他一切财富。"那么，为什么许多有才华的人偏偏害怕致辞呢？

开头要为听众解释关键术语

如果致辞的成功与否取决于听众能否理解致辞中的某些术语或概念。那么在致辞开头对关键术语加以解释就显得格外重要了。例如，一位公司副总裁在就记者招待会的用途发表致辞时。就很好地运用了这一技巧：

公共关系，简单地说，就是指"与公众的关系"，即任何涉及公司或个人的关系。它的主要目的就是有效地利用媒体——最常见的是书面形式——为公司谋取最佳印象或形象。

开头要为听众提供背景知识

致辞时，致辞者被认为是专家或权威。因此，如果听众对致辞的主题不熟悉或是知之甚少，那么很有必要在开头部分对听众讲述与主题有关的背景知识，它们不仅是听众理解致辞所必需的，而且还可以体现出主题的重要性。美国空军少将鲁弗斯·L.比拉普斯在夏努特空军基地的一次宴会上致辞时，就对"黑人历史周"的有关背景知识及其对美国空军的重要性作了介绍：

我很高兴来到此地，同时我也很感谢能有机会和在座各位讨论有关美国黑人问题。为保持和增进民族间的理解,美国各大州又开始纪念"黑人历史周"。在夏努特空军基地,我们庆祝它则可以对美国空军进行完整无缺的教育。

我们民族的主旋律是:"黑人历史,未来的火炬。"

这个已成为美国人民生活一部分的纪念活动。是弗吉尼亚州纽坎顿市卡特·G. 伍德森最先提出并计划的,他现在被誉为美国"黑人历史之父"。伍德森先生于1915年成立了"美国黑人生活和历史协会"。后来,他又于1926年发起了"黑人历史周"纪念活动……

开头要为听众阐述致辞结构

致辞时,应当利用开头部分对致辞内容加以概述,让听众了解致辞的中心思想和结构。特别是当致辞的主题很复杂,或是专业性较强,或是需要论证几个观点时,这样做就能使致辞显得清楚而易于理解。例如,汉诺威信托制造公司的主席及总裁约翰·F. 麦克基里卡迪在一次致辞的开头就很明了地陈述了他致辞的结构及范围:

女士们、先生们。晚上好。我很荣幸应科里曼主任的邀请来参加这个在我国很具权威性的商业论坛——在见解上它可以与底特律和纽约的经济俱乐部相提并论。

首先,我将对最近的国内经济形势加以展望。我认为它并非人们有时所想象的那样严峻。

第二,谈谈近期欧佩克的经济增长对国际的经济增长的影响——这包括我们自己在内的许多国家来说是件痛苦的事。但又是完全有办法应付的。

第三,对总统的能源建议作几点评论,我认为它既令人鼓舞,又令人失望。

最后。我将就致辞逐渐成为一种时尚和必要的现象以及美国的现状谈一点个人看法。

开头要为听众说明致辞目的

在大多数情况下，致辞的开头应揭示出致辞的目的。如果做不到这一点，那么听众要么会对致辞失去兴趣，要么会误解致辞的目的，或者甚至会怀疑致辞者的动机。美国快递公司主席詹姆斯·鲁滨孙三世在短短的15秒钟内便把他的致辞目的陈述给听众：

女士们、先生们。早上好。谢谢大家给予我这个露面机会。美国广告联盟是美国传播工业的一个重要组成部分。当前，美国传播工业还面临许多问题，而重担则落在大家的肩上。我今天致辞的目的便是就这些问题及它们呈现出的挑战谈谈我的看法。

开头要能激发出听众的兴趣

从本质上说。听众是很自私的，他们只是在感到能从致辞中有所收获时才专心去听致辞。致辞的开头应当回答听众心中的"我为什么要听？"这一问题。在对美国会计协会罗切斯特分会的一次致辞中，致辞顾问唐纳德·罗杰斯通过表达他对听众需要的关心而激发起了他们的兴趣：我今晚要致辞的题目是"信息的透露"。确定这个题目之前，我先是查阅了本地的会计年鉴分册和全国会计协会的学术专刊。然后又询问了我的同事亚历克斯·莱文斯顿和戴夫—汉森："今晚来听致辞的人都有哪些？他们希望我讲什么？"他们告诉我在座的各位都是些很热心的人，希望我的致辞有趣而富有启发性。因此。我将告诉大家一些有用的知识，我也同时希望我的致辞简明扼要，并留给大家一定的提问时间。

开头要能争取到听众的信任

有时候，听众可能会对致辞者的动机发出疑问，或是与致辞者持相反的观点。在诸如此类的场合——特别是想改变听众的观点或行为时——要使致辞成功就需要建立或是提高听众对致辞者的信任感。针对这个问题，不妨遵循下面几条建议：

（1）承认分歧的存在，但是着重强调共同的观点和目标。

(2) 否认致辞的动机是自私和个人的。

(3) 唤起听众的公道意识，让他们仔细地去听致辞。

脱稿讲话的技巧

我们并不期待每个领导者都能成为丘吉尔式的雄辩演说家，但致辞技巧是传媒政治时代的领导者，尤其是一个现代社会的领导者所应具备的能力。当然，致辞发言也不是不能用稿，重要场合不仅必须用稿，而且还得事先反复讨论甚至几易其稿。问题在于"如果没有稿子便不能讲话发言"。

经常参加会议的人也许会发现这样一种现象，有些领导干部好像官越当越大，越当越久，但却越来越离不开稿子了，有时候脱稿连话都不会讲了。没有稿子的时候当众致辞作报告，要么异常紧张，面红耳赤，半天说不出话来；要么野马脱缰，奔腾不止，久不收场。于是就出现了以下情况：

首先，汇报工作读稿子。上级领导来检查工作，了解情况，发现问题，作点指示，本来你是汇报，结果成了报告会。从汉字一、二、三到数字1、2、3，振振有词，把上级领导原来讲过的话又回复给上级领导了。

其次，交流情况看稿子。有一次，某位领导向外省前来考察的同志了解某方面的情况，这是最轻松不过的事情。可前来考察的那位年轻局长却拿着一份三五页的材料，念个不停。领导后来对年轻局长说："如果人家到你家里做客，拉家常，你还拿个稿子对话，岂不是滑稽可笑吗？"

第三，布置工作拿稿子。领导同志交代任务，布置工作，要么

第一章 领导致辞基础

装在脑子里,要么写在本子上,什么内容、什么要求、哪个负责,几句话就可说得清清楚楚,明明白白。可有些人也要拿着秘书写的东西,照本宣科,说得唾沫飞溅,慷慨激昂。

第四,面对媒体念稿子。现在经常有领导同志在面对媒体采访时。如果手中没有材料,或推辞预约,或不知所云,很是尴尬。

离开稿子讲不好话的现象,并未引起许多人足够的重视,其原因更不为人关注,似乎司空见惯。殊不知,懒的结果是思想僵化、心态老化、水平退化;浮的结果是盲目应付、盲目判断、盲目决策;娇的结果是经不起挫折、受不起考验、发挥不了作用。尽管现在春风得意,但也很难可持续发展。

脱稿致辞,对领导干部来说是锦上添花的技能。公众场合,领导干部结合实际来一段入情入理的脱稿致辞,既有利于搞活气氛,又能显示出领导干部杰出的口才、渊博的知识,有利于提升领导干部的个人魅力,收到意想不到的效果。要想娴熟脱稿致辞,须做到以下四点:

注重积累吸收

"不积跬步,无以致千里;不积小流,无以成江海。"领导干部在脱稿致辞时要想做到胸有成竹,就必须从点滴积累,不断充实自己的知识库。要善于遴选。及时从大量繁杂的信息中去伪存真、去粗取精,遴选出富有新意的知识点,及时摘录备案,便于查阅。要善于记忆。书读百遍,其义自现。领导干部要抽出时间,及时学习和积累知识;要多学多看,加强印象,及时将积累的知识转移到自己的大脑中。要善于转化。领导干部要结合工作实际,做好知识的转化吸收。拿来可用的,铭记心中;变通运用的,内部加工,让知识经过一个升华过程,真正内化为自己的能力和技巧。

选准场合

脱稿致辞,场合选择至关重要,轻松欢快的场合可脱稿。如表彰会、文艺晚会等催人奋进、轻松欢快的场合,领导干部可脱稿致辞，总结成绩，活跃气氛等。而干部考察、责任追究等严肃正规的场合，则不宜脱稿致辞，宜严格按程序进行。形式多样的场合可脱稿。如现场会、观摩会等形式丰富、不拘一格的场合，领导干部可脱稿致辞，展示工作情况，调动情绪。而报告会、典型发言等形式固定的场合，则不宜脱稿致辞，宜按固定模式进行。时间宽松的场合可脱稿。如果时间宽裕、允许，领导干部可脱稿致辞，增加内容，强化效果。如果时间紧张，则不宜脱稿致辞，宜加快节奏，缩短议程，尽快结束。

致辞富有逻辑

如果场合合适，时间允许，领导干部又胸有成竹，唯一需要解决的是怎样使脱稿致辞富有逻辑。脱稿致辞力戒天马行空、言之无物，力求言简意赅、言之有物。要突出主题。脱稿致辞要结合场合，紧紧围绕一个中心，所有论据、论证都围绕中心服务。如：总结表彰会上脱稿致辞，应围绕"成绩如何取得"这一主旨。不论从主客观等哪项因素分析论证，最终都要围绕"成绩如何取得"展开。要脉络清晰。脱稿致辞要层次分明，听众一听就懂，力戒"以其昏昏、使人昭昭"。如：现场会介绍引进的重点项目，重点介绍一下项目引进、建设、生产及效益等，不必过多纠缠项目辉煌历史、远景宏大规划等，让听讲人心中清楚即可。要风趣活泼。脱稿致辞形式新颖，为吸引听众注意，致辞可穿插名言警句、哲理故事、幽默笑话等，让致辞妙语连珠，充分吸引听众的注意力。

配合肢体语言

脱稿致辞时，领导干部配合必要的肢体语言，可让致辞栩栩如生，增添难以言表的魅力。要仪态得体。不论是何种场合脱稿致辞，领导干部都要落落大方，给人一种冷静沉着、气度不凡的感觉，于细微处展现干练。要目光流转。脱稿致辞时，领导干部要善用眼睛这扇心灵的窗户，用注视的眼光徐徐扫过所有致辞对象，让听众感受到重视，促进沟通交流，拉近感情距离。要善用手势。领导干部手势要随致辞内容、个人情感和现场气氛自然流露。手势的部位、幅度、方向、力度应与致辞的有声语言、面部表情、身体姿态密切配合，协调一致，不可生搬硬套，勉强凑手势。在运用手势的过程中，切忌一成不变只做一种手势，避免单调呆板。

2008年，广东省政协会议召开时，就规定了代表们在发言的过程中必须脱稿。一时间，代表们的发言果然体现了许多新的从未有过的现象，反映了许多新的问题，受到了社会各界普遍的称赞。

让致辞"一针见血"

2009年2月13日上午，河北省召开全省干部作风建设年活动动员大会。河北省省委书记强调，谁阻挡了河北事业的发展，谁让市场主体和人民群众过不去，我们就让他过不去，调整他的位置、摘去他的帽子。

领导在开会时讲什么话、怎样讲话，尤其是敢不敢讲真话，不仅关系到会议效果，还直接关系到能否解决问题和能否将会议精神落到实处。长期以来，在一些地方和党政机关也经常开会，大事开、小事开，没什么具体事也开，搞得人人疲惫，但效果却很差。究其原因与搞形式主义和脱离实际有关。这些地方、单位或者在会议上讲话的领导干部，已经将开会当成了一种可以用来搞形式的形式主义。会议上要么不敢讲问题、争功诿过；要么讲起问题来遮遮掩掩，讲不到点子上；或者是不敢实事求是讲真话，也不敢触碰干部问题根源。最终结果是，不但问题没有解决，反而让以会议落实会议的不正之风更为蔓延、肆虐，进一步败坏了党和政府形象。

领导干部会不会开会，不仅仅是领导艺术高低的体现，也是领导抓工作能不能抓到点子上的外在表现。而河北省省委书记在上述会议上的致辞，为什么能引来当地干部的热议和好评。并达到如此好的效果呢？最关键的是他在会议上真正"一针见血"地戳到了问题干部的"软肋"和痛处。也切切实实讲出了百姓的心声和呼声。而做到这一点的关键是。要对"问题干部"和干部的问题丝毫不留情面。诸如：书记在会议上毫不留情地批评某些干部"缺乏宗旨意识且权欲重，以官为本、官僚主义，出了问题捂着、盖着、瞒着"的问题。又批评一些干部"光有'唱功'没有'做功'，对上汇报'一枝花'、实际工作'豆腐渣'"的问题。既形象又贴切，还当场让那些有问题的干部感到脸红和坐立不安。试想，这样的会议效果能错得了吗？

说到底，领导者在致辞的时候，必须确立一个明确的主题，围绕主题，把话说到点子上，一针见血；讲实，就要把怎么办说清楚，拿过来就能干，有操作性，切忌在半空里论过来、议过去，主题散而不清。这就要求领导者具有较深的思想理论功底，有较高的政策水平，有较强的逻辑思维能力，能透过事物现象看到本质，加强对客观事物的深刻了解和理解，掌握、理解党的路线、方针、政策，材料积累丰富并能熟练地掌握写作技法。

第一，敏锐地发现问题，尖锐、鲜明地提出问题。对客观事物中的问题要有敏锐的"触角"，有深厚的洞察力。在众多复杂的社会现象中发觉问题，并且敢于旗帜鲜明地表达自己的观点，阐发观点，一针见血地提出问题实质，发前人所未发，言前人所未言。如果提出的问题能发人深思，超前意识强，具有强烈的思想性，将产生较深的社会效应。这种方法对深化主题有着强烈的震撼作用。

第二，全面深刻分析问题，立足本质剖析问题。主题的深化常常依赖于对问题全面、深刻的分析。要运用逻辑思维透过现象抓本质，由表及里揭示事物的内在联系，使主题在强有力的说服力下得以深化。分析问题要用层层"开门"的手法，把主题自然展开，在分析说明问题时，运用"是什么""不是什么""为什么这样""为什么不那样""为什么应该这样""为什么不应该这样"之类正反结合、层层深入的论述,运用逻辑将主题深化。

第三,要从本地本部门实际出发,标本兼治提出措施,正确合理解决问题。市有市情,县有县情,必须一级一级具体化。否则,致辞就会流于形式,难免陷入"假大空",其指导意义和可操作性就要打折扣。所以,要根据事物的客观和主观条件,把握其主要矛盾,找准切入点和结合点,科学地提出对策,切实地解决问题。一篇领导讲话,从提出问题、分析问题到解决问题,就是主题深化的过程,也是思想升华的过程,并能深刻地揭示问题本质,是深化主题全过程的表现。

第四,用语得当。语言要使用得当,关键是讲话的语法语气要恰如其分。领导的致辞、报告、讲演等一定要注意语法语气,这样能进一步体现领导者的讲话意图,有利于实现领导者所要达到的目的。特别要注意科学表述敏感性问题。一是对过去经验教训的总结要公证客观。要考虑当时的历史条件、大的政治背景、经济环境等,不能单纯用现在的政策责怪过去。二是对涉及群众利益的问题,在提法上要充分考虑群众的心理承受能力和实际效果,不能只图痛快,滥用刺激性字眼。三是对社会较普遍存在的一些问题,要从正面提出解决的办法、措施;分析原因时领导要主动承担责任,不要一味批评基层的同志。四是对一些不能回避且拿不准的问题,要从效果出发,留有余地,做到经得起历史的考验。

用心准备你的致辞

第一次世界大战爆发后,德军疯狂轰炸英伦三岛,英国面临亡国危险。年近七旬的首相丘吉尔为了鼓舞士气,口授致辞,言辞激越,他说：

"我们决不投降,决不屈服。我们要战斗到底。我们将在法国作战,我们将在海上和大洋上作战,我们将满怀信心地在空中越战越强。我们将不惜任何代价保卫我们的本土。我们将在海滩上作战,在敌人陆降处作战,在田野作战。在山区作战。我们任何时候决不投降!"

口授完这篇致辞,丘吉尔感情不能自抑,竟像小孩一样,老泪纵横地哭起来……

丘吉尔首相是用燃烧的心来演讲!

致辞不是用枯燥的纸、笔准备出来的,如果说是有准备的话,那是用你的心、用你的热情和激情准备的。孙中山先生演讲时说"世界潮流,浩浩荡荡,顺之者昌,逆之者亡",是因为他从小目睹了清政府的积贫积弱和西方的工业文明；毛泽东在天安门广场上庄严宣告"新中国成立了,中国人民从此站立起来了",这是近代以来无数仁人志士抛头颅、洒热血修得的正果,是毛泽东投身革命几十年,历尽千辛万苦,忍受失去亲人的痛苦,带着对共产主义的美好憧憬和新中国的痴情,发自内心的呐喊!这些致辞不是辞藻的堆积,而是鲜血和生命的迸射。

不要随便选择致辞题目,也不要让别人安排出题目你去填空式应付。致辞要想成功,必须有激情,发自肺腑,致辞的内容必须跟你的生活、经历、兴趣、生命相关。

致辞是讲话者与听众的互动,互动效果取决于双方的发挥和投入。对致辞者而言,你怎样才能发挥得淋漓尽致呢？答案不外乎两点：讲你爱讲的,讲你能讲的。对听众而言,他怎样才能投入呢？只有他感兴趣的话题,才能吸引住他。

讲你爱讲的,讲你能讲的。你致辞的题目,你自己必须有兴趣,这样你才能充满激情。听众从你的眼神里能接收到这些信息。致辞时要讲你能讲的,讲你熟悉的,讲你有研究的,不要讲你不熟悉的、不知所云的事物。你最熟悉的就是你每天经历的、每天思考的、每天感悟的。对你而言,你熟悉你的童年生悟、你的成长经历、你的创业拼搏、你的人际交往、你的人生感悟，这些都是你致辞时再好不过的题材。讲述这些内容，你根本不会考虑谋篇布局和遣词造句。也不会在乎什么绪论、正文和结论。

致辞时要以听众为中心。讲听众感兴趣的。正如卡耐基所言："高明的演讲者热切地希望听众能够感觉到他所感觉的东西，同意他的观点。去做他以为他们该做的事，分享他的快乐，分担他的忧愁。他以听众为中心，而不是以自我为中心。他明白自己演讲的成败，不是由他来决定——而是由听众的脑袋和心灵去决定。"

勇敢的心让语言更有威慑力

领导的致辞艺术是一门关于领导沟通、实践和领导魅力修养的艺术学科，具有极大的实用性、指导性、可读性和建设性，对领导的工作和实践具有很大的现实作用。众所周知，领导的执政能力、工作能力和社会绩效往往与领导的致辞有关。

领导的工作需要建立绩效。一般情况下，领导的执行意志的关键就是通过致辞来传达的。领导的致辞贯穿于整个领导活动和领导过程，离开了领导致辞，领导活动将无法实现，而不善于致辞的领导者也不可能实现其有效领导。

领导的致辞不同于普通人讲话，只有体现出领导者的风格，才能充分发挥领导口才的巨大作用。领导的致辞，除了要体现领导者个人独特的语言风格之外，还应符合领导者的基本特征，即必须注重致辞的独特性。

而语言表达能力，特别是致辞能力，既是领导者的必备素质，也是他们开展工作的重要手段。目前，我们不能否认的是，部分领导者或多或少地都存在语言表达能力缺陷问题。特别是致辞能力亟待提高。不少领导者忽视语言表达，不注意致辞艺术，在实际工作中，不同程度地存在着许多"顽症"。诸如，言不尽意，颠三倒四，重复啰嗦，照本宣科，套话连篇，口头禅不断等等。存在这些问题的原因是多方面的，其中不乏心理障碍，这些心理障碍主要体现在以下几个方面：

首先，"言多必失"的保守心理。传统文化中消极保守的东西表现在语言行为中，有"祸从口出""为人只说三分话，不可全抛一片心"等，对领导者致辞的消极影响不容小觑。在这些消极、保守的思想约束下。很多人总是自觉不自觉地把"沉默寡言""戒善言谈"视为美德。并冠以"深沉""稳重""成熟"等美名，而把"能言善辩"与"油嘴滑舌""花言巧语"混同。看做是不稳重、不老练。在这样一些心态和氛围的影响下，一些领导者也就自觉地调整了思维取向：例如，有的认为思想政治工作是"软指标"，见效慢，出力不讨好，"说"也白说；也有的则认为"说"得再好不如做出来过硬，怕说多了有耍嘴皮子之嫌，说了无益；还有的怕吃不准上级的意图，说得多了难免出错，怕负责任，少开口为妙，等等。受这些陈腐观念的束缚和影响，于是免开尊口，致辞水平当然无从提高。

其次，谨小慎微的担忧心理。许多人把"木秀于林，风必摧之""出头的椽子先烂"等古训记在心头，说话办事明哲保身，躲躲闪闪，为求稳妥，讲起话来掖掖藏藏，使模棱两可的中性词大放异彩，结果，把听众搞得懵懵懂懂不知如何是好。一些干部在致辞时，特别是在向上级领导汇报时总要客套一番："在……领导下，在……努力下，在……帮助下"，面面俱到，四平八稳。为表明其领导观念，一些领导干部在进行思想政治教育时，不敢谈自己的心得体会，怕"没把握""吃不准"。为保险起见，喜欢大段大段地引用别人的讲话或红头文件，大段大段地照抄照搬报刊的理论文章，不善于联系实际把大道理变成听众易接受的话。而把自己变成与听众相距很远的"陌生人"。要么是东拉西扯，绕弯子，顾左右而言他，讲套话，讲官话。总之，以不承担任何责任为其出发点。

再次，好为人师的"过瘾"心理。和上面两种情况相反，也有一些领导，他们以在大庭广众之下讲话为乐事，不分场合大小，不论事情轻重缓急，不问有无必要。也不管事先是否准备，总是当仁不让地讲一通、侃一番。即使无话可说，也得上去"意思意思"，觉得这样才"够派"，才"过瘾"，否则，不足以显示自己的身份和地位，不能表明自己存在的价值。

还有一些机关干部错误地认为，我是领导机关的，我是教育者，我的话别人必须听。至于讲得好坏，有没有人听，能不能听进去，那又是另外一回事。于是，或凭借其地位装腔作势，或居高临下搬弄大话，以教训的口吻谈问题，以唯我正确、不容置疑的语气讲道理，以命令的口气提要求。"一杯茶，一包烟，一份讲稿读半天"。个别不用讲稿的，则是脚踩西瓜皮，滑到哪儿算哪儿，东拉西扯，海阔天空。

最后是人云亦云的从众心理。一些领导干部初出茅庐时敢冲敢闯，敢说敢干，讲起话来干净利落，效率颇高。可是，时隔不久，棱角与锐气大减，"嗯""啊"也挂到了嘴边，套话官话满天飞。何也？环境所致。李四这样讲。张三也这般说，我为什么偏要鹤立鸡群呢？于是，便心安理得地跟着人家"嗯啊"起来。还有的认为，上行下效最为安全。没有哪个人因为讲话水平不高而受处分被降职的。练习讲话用处不大，还是随大溜吧，何必劳心费神，自讨苦吃呢？这种盲目从众心理与得过且过心理的结合，大大阻碍了不少领导干部讲话水平的提高，使其失去内在动因，必须清除。

阻碍领导者提高致辞水平的心理因素还有许多，诸如性格内向，人称"闷葫芦"者的自卑心理，初出茅庐者的紧张心理等，这些也都不同程度地制约着领导干部致辞水平的提高。为了适应新形势下工作的需要，提高领导干部的致辞水平和致辞艺术是一个不容忽视的问题。要做到这一点，很重要的一条就是要克服上述种种心理障碍，提高心理素质。要全面地提高领导者的政治素质、业务水平和文化修养，有目的、有针对性地开展各类演讲、征文等活动，创造一种氛围，使广大干部真正意识到致辞能力和致辞水平对自己工作、自我形象等方面的重要作用，进而积极行动起来。要想真正掌握口才艺术。必须坚持积极的心理态度。致辞艺术，虽然可以罗列出无数种理论、知识、教材，但归根结底，它是一门实践科学，需要在实践中锻炼，在实践中积累经验，在实践中应用与提高。在致辞能力锻炼伊始，领导者不能满脑子"面子"思想，想一些诸如"如果我说错了，大家该怎么笑话我呀！""如果我的话不被执行怎么办？"等，这样的想法只会打消刚鼓起的勇气。放弃了实践的机会，就等于是放弃了提高的机会。

　　领导口才的心理准备要求领导者有胆有识地勇于实践和进取，进而增长并显示出自己的本领。俗话说"艺高人胆大"，但是，艺不很高时，可以胆大；但胆子不大时，却不可能艺高，胆大才能艺高。

　　举例说来。影响激烈的体育比赛胜负的决定性因素是什么？是技能上的差别吗？不是，事实证明：心理的力量比技能的力量更强大。足球场上的"临门一脚"功夫恐怕更多地取决于心理素质，"见了强队怕赢不了，见了弱队又怕不小心给输了"，则更是心理方面的问题了。1976年奥林匹克运动会十项全能金牌的得主詹纳，应当说是体育运动技能比较高的运动员了，但在他回答记者询问的时候，却说："奥林匹克水平的比赛，对水平相差不多的运动员来说，大约有20%是身体方面的竞技，80%是心理的挑战与抗衡。"可见心理因素作用之大。

　　丘吉尔可以说是20世纪最伟大的政治家之一，但他在致辞能力方面却并没有什么过人的天赋，完全和普通人一样。他初次在国会演讲时，为了准备这次演讲，他一连几天写稿、背诵、对着镜子反复练习，生怕出半点差错，生怕当众出丑。但是，演说那天，他担心的事情还是发生了，他很紧张，而且很怕自己会表现不好，他越怕越紧张，脑海里终于成为一片空白，结果使他尴尬极了。从那以后，他开始对演讲进行训练，但与别人不同的是，他不是单纯地去抓演讲技能，而是改变了心理态度，在心理方面作了充分的准备，他不再害怕失败，不怕出丑，不论在什么场合，他都敢于当众说出自己要说的话，于是，他很快变成了一位颇具感染力的演说家。

领导致辞能力的训练，第一要点也在于心理素质的培养。要扩大自己的心理开放区域，坦诚、开朗、敢于和乐于表现真实的自我，不要怕暴露自己的缺点和弱点。并通过人际关系这面镜子来检验和提高自己的人格魅力。

致辞能力的训练和培养。也依靠个人的心态积极与开放。现代社会的交际，都是在平等自由的基础上进行的。礼貌待人，不是为了谨小慎微；赞扬对方，不是恭维拉拢；适应别人，不是可以失去自我；而特立独行，并不意味着盛气凌人。像契诃夫笔下的小公务员那样，自惭形秽、畏首畏尾，连一点起码的主体意识都没有。没有自己的个性、主见和尊严，犹如踩钢丝似的战战兢兢地过日子。如此这般是不能够开口、游刃有余地同别人打交道的。

言不在多，达意则灵

2007年12月31日，国务院办公厅决定带头精简会议和文件，改革会风文风，发布了《关于国务院办公厅精简会议文件改进会风文风的意见》。将精简会风文风提升到了鲜明的国家意志的地位。领导者的致辞就是其中的重要一环。意见要求提高文件质量，起草文件和致辞要注重针对性、指导性和可操作性，突出主题，不搞"穿靴戴帽"，尽量减少关于重要性或意义的一般性论述，对文件篇幅也提出了明确要求。

长久以来，有一种现象，即领导者的会议致辞，本来短话可以讲清，却要长说，洋洋洒洒滔滔不绝；本来应该讲自己理解的鲜活道理，但却没有自己的思考，而是照搬上级致辞或文件内容，充斥"大、空、套"话和正确的废话。这种致辞只要变换时间、地点、单位、数据等要素，就可以"通用"。这种致辞，领导没有激情，听众不感兴趣，所讲内容不可能产生说服力。这样的致辞，反映的是一种不负责任、不善学习、不愿思考、虚夸浮躁的不正之风。其危害不容轻视。一般说来，出现这种现象的原因可以归纳为领导者有"四不"的缺陷。

不懂得

要使致辞产生统一思想，解决问题，推动工作的效果，就得符合实际需要，适合受众的接受程度，少讲或不讲与实际脱节、空洞无物、大而不当的话。但是一些领导者不懂其中道理，以为冠冕堂皇、篇幅长、概念多的致辞，就证明理论性和说服力强，可以体现领导水平和能力，自然有利于工作。他们也不懂人们听取领导致辞的心理：没有人愿意空耗时间去听那些公式化、概念化、装腔作势的枯燥说教，这种致辞只会出现厌倦、排斥甚至逆反的情绪。

不愿意

实际需要和工作目标决定致辞内容是务实的。语言也应该是受众"喜闻乐听"的。这是需要开动脑筋下大工夫的。但一些领导者一味图省事，只想走捷径，平时怠于了解真实情况，致辞前又懒于研究、思考和进行充分准备。

不敢于

要使会议致辞发生效果，就必须摆事实讲道理，所以，要解放思想、敢于独立思考，并且有说实话、真话的勇气。但是，一些领导者缺乏解放思想实事求是的精神，患得患失，谨慎有余而魄力不足，不敢用自己的语言表达思想、观点，唯恐与上级领导讲话和文件的提法、说法有出入，给上级留下"理论水平不高、政治思想不强"的印象。

不善于

致辞只有内容准确务实，语言表达清晰，阐述道理深入浅出，才能让人不但听得进去，而且能够理解和接受。这需要领导者具有相当的理论功底、一定的文化素养和较强的表达能力。但是一些领导者，平时疏于学习，不具备与现实需要相适应的思想理论和文化素养水平，语言贫乏，表达能力不强，不善于发表高质量的致辞。

文学大师林语堂说："绅士的演说应该像女人穿的迷你裙。越短越好。"欧文·古柏说过："只要足够简短，任何说话都不会是完全糟糕透顶的。"致辞越短越精彩，越短越容易给人留下深刻印象。精彩的发言无须长篇大论，短小往往更精悍有力。据有关报道，联合国开会，每人发言都要限时，所以大家的发言一般都很简短，照样能赢得掌声。

可能有的人认为，致辞时间长短与领导重视程度有关，因此，有些没多少实质内容的会议，为了体现领导重视程度，只能反复强调，造成空话、套话泛滥。过去有人说："有话则长，无话则短。"实际上。我们应该改成："有话则短，无话则不讲。"不讲话，不一定是没水平，不一定是不重视。

我国古代就追求"以少少许，胜多多许""文约而事丰"的境界。我们转变会风，开短会，首先要求致辞者讲短话。短小些、精粹些。这在当今工作生活的快节奏和社会信息交流频繁的时代，更受人欢迎。冗长的致辞必将逐渐被淘汰。

落实到具体层面上，怎样才能对症下药，采取有效措施解决如上述存在的问题呢？

首先，必须发扬民主，坚持实事求是精神，创造维护讲真话权利的环境。任何工作都难免出现失误或错误，出错、纠错是正常的工作规律，致辞也一样，谁也不能保证不说错话，说错了纠正过来就是了。不能因为讲话人对某些问题的表述与上级提法不同，就从政治上作出不良评价，使人因担心被追究责任而放弃积极思考问题的积极性。如果不允许出错，要追求和保证绝对正确、一贯正确。

就必然形成不敢讲自己的话，句句话都要从上级或文件中找出处的现象。应该营造民主的氛围和环境，鼓励敢于用个性语言讲真话实话，表达正确思想和观点的积极性。

其次，领导者必须提高思想水平和工作能力。会议致辞的高质量，是平时丰富思想。积累学识，提高循循善诱以理服人的实践能力的结果。所以领导者一定要克服懒惰情绪，深入实际了解情况，勤于读书学习，掌握科学理论，充实头脑和丰富知识，增强理论水平，同时努力提高表达能力，这样才能具备讲好话的扎实基础。

总之，言不在多，达意则灵。领导者千万不要认为致辞越长越有水平。有时候这种认识会适得其反。明朝初年刑部主事茹太素上言奏事，"陈时务累万言"，皇帝朱元璋听着这篇万字长文，到了六千多字时居然还没有切入正题，龙颜大怒，说道"虚词失实、巧文乱真，朕甚厌之。自今有以繁文出入朝廷者，罪之！"于是便命人将茹太素拉上殿来，痛打了一顿板子。打完板子之后，皇帝夜里又命人继续念这篇奏章，直到一万六千多字时，才知道这篇奏章到底要上奏一些什么事情，而且这上奏的五件事中。茹太素的意见有四条可行。于是朱元璋把这些可行的事情交代下去。并对茹及其他臣子说，"许陈实事，不许繁文"，此奏章中只有五百来字是言之有物，以后写公文都应该吸取这个教训，并由此发布新的要求，"革新文风"，违者要治罪。

现在国际上也通行领导人站着致辞，为什么？就是让人讲得少些、短些、精练些。国外也十分注重讲短话。有人进行过统计，恩格斯在马克思墓前的著名演说仅仅1260字；美国第26位总统罗斯福的总统就职演说仅有985字；总统就职演说最短的是1793年华盛顿的演说，仅135字；林肯著名的葛底斯堡演说只有10个句子，仅600多字。1984年7月17日，37岁的法国新总理洛朗·法比尤斯发表的演说，更为简练，仅有三句话：第一句，"新政府的任务是国家现代化，团结法国人民"；第二句话，"为此要求大家保持平静和表现出决心"；第三句话，"谢谢大家"。在一年一度的奥斯卡颁奖仪式上，人们在目睹世界影星风采时，也洗耳恭听获奖者的精彩致辞。大会明确规定获奖者致辞时间不得超过45秒钟。一旦超过便红灯警告，乐队也奏起《请君下台》的乐曲。1972年喜剧大师卓别林获得奥斯卡荣誉，他仅说了一句话："此刻，言语是多么多余，多么无力。"巧妙地表达了感情，征服了人心。

回答环节的技巧

社交活动的频繁与扩大是社会文明的一种表现。无论是哪一种社交形式，也无论是哪一领域的交往，人们传递信息，交流感情，都少不了思维的外化形式—语言。领导的社交水平，自然是其思想、品德、知识、修养、气质、魄力、语音表达等诸因素总和的体现，但语言在社会交往、信息传递中的重要性是诸因素中最为重要的。问答语言艺术是社交语言艺术的一个重要组成部分。本节内容就这一课题作了一些探讨，希望能给领导者在致辞的过程中可能遇到的一些问题提供点滴参考。

回答，是对在致辞过程中别人对你所提问的反馈，是交际场上短兵相接的利器。在人际交往中，无论是专题对话，答记者问，还是电视采访，论史答辩，都离不开应答，同时，应答是一种难度较大、要求较高的语言使用形式。一个运用语言很自信的领导干部，决不是就对方问什么而答什么，也不是怎么问就怎么答，他总要力图运用答问技巧，努力改变自己的被动局面，既答得好，又答得巧。应答语言艺术具体可以概括为以下几种：

第一种是答非所问

有些提问者出于某种不良动机，企图通过提问使你处于难堪的境地。面对这样的问题，如直言回答，便会正中对方的圈套，因此，就必须采取巧妙的回避方法，这就是答非所问。

有一次，周恩来总理在北京召开记者招待会，他介绍了我国解放后经济建设的成就及对外方针后，一位西方记者提问道："请问。中国人民银行有多少资金？"周总理听出其"弦外之音"，风趣地答道："中国人民银行货币资金嘛，有18元8角8分。"全场记者愕然，场内鸦雀无声。接着周总理又解释道："中国人民银行发行面额10元、5元、2元、1元、5角、2角、1角、5分、2分、1分的十种主辅币人民币，合计为18元8角8分。中国人民银行是由全中国人民当家做主的金融机构，有全国人民做后盾，信用卓著，实力雄厚，它所发行的货币，是世界上最有信誉的一种货币，在国际上享有盛誉。"一番妙语，惊动四座，激起全场听众热烈的掌声。

一天晚上，美国前总统林肯在忙碌了一天之后上床休息。忽然，电话铃声大作，原来是个惯于钻营的人告诉他，有位关税主管刚刚去世，他问林肯是否能让他来取代。林肯回答说："如果殡仪馆没意见。我当然不反对。"这里林肯避开了对方的问题，而以幽默的方式巧妙作答，让提问者无地自容。

第二种是避而不答

对于某些敏感的问题，由于某种原因，不便回答，或不能回答，就应采取避而不答的方式，或加以巧妙拒绝。当年，罗斯福在当美国总统之前，曾在海军里任要职。一天，一位朋友向他打听海军在加勒比海一个小岛上建立潜艇基地的计划。于是，引出了下面的一段对话：

"你能保密吗？"罗斯福压低声音问。

"当然能。"对方答道。

"那么，"罗斯福微笑着说，"我也能。"

在"你能保密吗"和"我也能"这一问一答的过程中，罗斯福就给对方透露了一个信息：你能坚持保密的原则，我罗斯福也应该像你一样——不泄密。巧妙而又委婉地拒绝了对方所提问题的回答。

第三种是以问代答

英国物理学家法拉第有一次在大庭广众中进行电磁学的实验表演。实验刚结束，忽然人群中有人站起来高声责问："这种实验有什么用呢？"法拉第看了一下提问者反问道："请问，新生婴儿有什么用呢？"此例中，提问者暴露了他对科学的无知。而法拉第的以问代答则隐含着对提问者在科学上缺乏预见的嘲弄。

有一天，一位外国使节看见林肯在擦自己的靴子，于是非常吃惊地赞扬道："啊，总统先生，您真伟大！您经常擦自己的靴子吗？""是呀，"林肯答道。"那么你是擦谁的靴子呢？"在这一问一答中，林肯的机智幽默表现得淋漓尽致。

第四种是怪问怪答

有时提问者为了有意为难对方，往往提出一些古怪的难题，让你防不胜防。而对这样的问题，我们应该打破正常思维的模式，恰到好处地按提问者的相反思路去构思答案。1935年在巴黎大学的博士论文答辩会上，主考人向年轻的中国留学生陆侃如提出了一个奇怪的问题："《孔雀东南飞》这首诗里，为什么不说'孔雀西北飞'呢？"陆侃如应声而答："西北有高楼。"陆侃如此时的回答语言引用了我国古诗十九首中的名句"西北有高楼。上与浮云齐"，孔雀自然飞不过去，只好向东南飞去了。真是问得怪，答得也怪，令人捧腹叫绝。

第五种是双关妙答

有个笑话说，纪晓岚与和珅同朝，纪晓岚任侍郎，和珅任尚书。一次，两人同饮，和珅指着一条狗问："是狼（侍郎）是狗？"纪晓岚知道他在辱骂自己，他泰然自若地回敬道："垂尾是狼，上竖（尚书）是狗。"和珅在问话中运用谐音双关，将"是狼"谐"侍郎"，而纪晓岚接过话题，未作任何修改铺垫，也用谐音双关，将"上竖",谐"尚书",随口答出,反守为攻,使和坤张口结舌,显示了过人的机智与应答能力。

第六种是委婉曲答

在回答时。既不愿直言自己的意思而得罪对方,又要使对方理解自己的本意,这时可采用委婉曲答的技巧。它的最显著的特点是言在此而意在彼,它能诱导对方去领会你的话,去寻找那言外之意。它实际上是向对方提出一个他所愿思考的问题。而且婉转曲折却又思想意义明确清晰,不难找到答案的。正因为委婉可以双方达到心照不宣的效果。所以即使在批评建议或劝说诱导式的谈话中,它给对方的心理作用也是轻松的而不是压抑的。

下面的这个例子就能说明委婉的这种功效。一位顾客走进一家高级餐厅,把餐巾围在脖子上,这违反了餐厅的规矩,服务员并没有上前责怪制止,而是带着友好、客气的口吻上前询问:"您是想理发还是想刮胡子呢?"顾客明白自己不是要理发或刮胡子,也懂得服务员是明知故问,言外之意是用餐巾围在脖子上这种举动是不恰当的或不允许的。于是在爽朗的笑声中纠正了自己的行为。

第七种是即兴智答

即兴智答要求领导者在回答问题时反应迅速,思维机敏,对突如其来的问题迅速作出判断,急中生智地以精巧的语言作答。其特点一是要答得快,二是要答得好。

1972年时任美国总统的尼克松访问前苏联。一次,在前苏联机场上飞机准备起飞时,突然飞机引擎发动不起来。此时,在场的勃列日涅夫又急又恼,指着民航部长问尼克松:"我应该怎样处分他?"尼克松接过话题说:"提升他。因为在地面发生故障总要比在空中好。"尼克松的即兴智答含义深刻,饶有风趣,在"视点"上比勃列日涅失高出一筹,且为东道主保全了面子。

如何有效控制致辞现场

致辞是一种信息的传递活动,这种信息传递是一种双向交流的过程。领导者与被领导者构成了交流的双方,其特殊的主体身份和传播内容,决定了此类演讲更要注重沟通、默契,也要求致辞者随时观察听众的反应,掌握听众的心理,根据实际情况灵活调整和控制听众的情绪,从而使双方的信息交流趋于良性循环。

致辞的影响不是领导权力所能左右和决定的。它需要领导者丰富的内涵、灵活的思维和生动的表达,特别是娴熟的现场调控技巧。只有能说会道、文采飞扬、灵动活泼,才能达到最佳的演讲效果,也才能树立领导者的权威和良好形象。一般说来,领导者在致辞过程中,对于致辞现场的控制主要可以通过以下几个方面进行。

第一是顺势穿插法

致辞效果如何,直接反映在听众的脸上。由于某些原因,领导的致辞可能无法引起听众的兴趣,他们可能表现得十分困倦,特别厌烦,以至于交头接耳、看报、溜号。此时,领导者不可一意孤行,对此视而不见,而应马上调整致辞方案,思考出现这种局面的原因是内容呆板还是内容与听众无关?是形式单调还是形式陈旧?要根据实际,围绕致辞报告的主题,顺势穿插一些新鲜的内容,以引起听众的兴致,吸引其注意力。

某领导在一次"领导干部要提升文化内涵"的致辞中。说一些基层领导同志不重视"文化充电",老开"黄腔",既损水平又损形象。一些乡镇干部在下面议论说:"我们成天在下面跑,跟老百姓打交道。要那么深的文化底蕴干啥？"便自顾自地看起杂志，用手机发起短信来。这时领导发现自己致辞的语言太文绉绉了，有些不合大家的口味，便审时度势，及时调控，巧妙地穿插了一个霸王自刎于乌江的故事，很快就改善了致辞的现场气氛。他讲："楚汉战争到了最关键的时刻，刘邦针对楚霸王项羽的'天命'思想，利用昆虫的一些习性，命人用蜂蜜在项羽军队的必经之地——乌江的岩石上写下'霸王自刎乌江'六个大字。第二天，项羽兵败乌江时，抬头看见岩石上蚂蚁群组成的几个大字，不禁心惊胆战，自语道'天亡我也！'于是仰天长叹，拨剑自刎听众对这个故事十分感兴趣，也就不再干别的，认真地听起来。这位领导随即点上一句："可见，文化素养对一个领导者该是多么重要，我们虽然经常与农民兄弟打交道，但也要注意基本常识，懂得科技知识，学习先进文化。"这使得致辞效果十分理想。

第二是急转扣合法

就是当致辞跑了题时，你要急转拉回来，不离主旨；当你发生口误时，你要巧妙补失，不露馅；当有人唱反调时，你要灵活反用其意，扣合到自己的致辞思想上来，变被动为主动。急转扣合，实质上是一种巧妙的应急应变之术。

英国前首相威尔逊在一次群众集会上发表致辞时，反对派在听众中搞"反宣传"，有个人高声大骂："狗屁！垃圾！"这显然是在骂他的讲话一派胡言，但聪明的威尔逊非常沉稳，他对此报以宽厚的微笑，然后严肃地举起双手表示赞同："这位先生说得好，这个问题十分重要。我们一会儿就要讨论你特别感兴趣的肮脏的问题。"捣乱分子顿时傻了眼，没招了。下面顿时掌声雷动。

第三是特别表演法

致辞本身就是一门艺术，艺术是强调表现力的，表演是增强表现力的一种手段。表演能直接冲击听众的视觉和听觉，高度吸引其注意力，对于那些心不在焉、开"小差"的听众。特别有效果。

某校长为学生作当前的国际形势报告，同学们以为又要讲什么大道理。谈论什么空洞的政治经济问题。讲话还没开始就抱怨开了。校长致辞时，一开始就先向同学们展示了四张图片，一个是沙龙，一个是阿拉法特，一个是萨达姆，一个是布什。静停30秒，然后把图片翻转过来，背面分别是"?""?""?"和枪炮。然后又展示出拉登的图片，背面是"恐怖分子"四个大字。校长顿了顿，说："我今天要给大家讲的是美国在多极世界扮演什么角色的问题。"此时全场鸦雀无声，同学们兴趣高涨，急切期待校长的下文。这位校长的聪明之处就在于巧用道具演戏，设置悬念，吊起同学们的胃口，利用听众的好奇心抓住了听众。

第四是风趣逗引法

真正人气指数高的领导，肯定是懂得幽默的那一部分领导。不论哪一个听众，都不会拒绝幽默。领导者讲话风趣、诙谐，必然会引起听众的兴趣，因为这样的致辞充满生机和活力，听起来有滋有味，是一种享受，听众必定高度注意。

"我现在要自称是新英格兰人似乎已经不可能了，那得追溯到好几代人以前。而那天发言的几位先生却都是新英格兰人，他们是在成年后来到我正在谈论的这座伟大的城市的。但他们告诉我，那些清教徒移民并没有什么了不起，所谓的优秀品质都是我们后人加到他们身上去的。清教徒那么做完全是迫于当时登陆地点的贫瘠和恶劣的气候。那时老天爷对他们实在不友好。一年里有9个月是冬天，剩下的3个月却又寒气逼人。在这种情况下，为了从土地中获取赖以生存的食物，只得使出浑身的力气拼命干活。于是，在艰苦奋斗的同时，他们便养成了勤劳俭朴的生活习惯。也许这才真正是老移民的伟大之处。有些人甚至暗示，如果先辈们踏上的那块土地时土地不那么贫瘠，气候也不那么恶劣，他们现在说不定还在贫困中懒散度日。不过，我坚持认为，他们要比我们想象的好得多。我相信，刚才发表过演说的斯多思牧师会认为我一开始对他们作出的判断基本上是正确的。"这是美国第18任总统尤利西斯·格兰特卸任后应新英格兰学会邀请发表的演讲。他风趣地谈到纽约市市区的大发展，并赞颂了美国早期移民的优秀品质，幽默、委婉地批评了那些贬低这种品质的人，他情趣盎然的演讲使得会场气氛非常热烈。其实，在演讲开始前，不少人对他没有抱太大的希望。这一点，他自己也十分清楚，因此他采取了幽默的调控方法，为听众创设了一个轻松愉悦的氛围。

第五是共鸣激发法

致辞本身就是一种信息的双向交流，致辞者与听众在传达与反馈中，处于互动状态。只有领导的见解和主张与听众的观点一致时，才能形成共识，产生应有的演讲效应。因此，要与听众产生共鸣，就要说出听众想说不敢说、想说不会说的心里话，就要预示希望、展望前景。

美国前总统林肯谈到他演讲成功的秘诀时说："我争取听众和赢得一切论战的方法，就是从演讲一开始就寻找与他们有共同语言的地方。"他说的就是"共鸣点"。拿破仑就是一个能以"共鸣点"鼓舞人心的高手。1786年5月15日，他率兵攻占意大利王国首都米兰后，将士们已是疲惫不堪，且大有得意忘形之态。为此，他发表演说勉励全军将士保持恒久的战斗士气。他说："号称能够威胁你们的敌军，再也找不到更多的可以凭借的障碍物来抵挡你们的勇气了。波河、提契诺河和阿达河不再阻拦你们前进了。意大利这些所谓了不起的堡垒看来都是不经一击的，你们像征服亚平宁山脉一样迅速地征服了它们。你们取得这样多的胜利，使祖国充满喜悦。你们的父母、妻子、兄弟姊妹以及你们所有心爱的人，都为你们的胜利而欢欣鼓舞，他们都以自己是你们的亲人而感到自豪。是的，士兵们！你们做了许多事情。可是，这是不是说你们再也没有什么事可做了呢？人们在谈到我们时会不会说我们善于取得胜利，却不善于利用胜利呢……"荣誉激发了士兵的自豪感、成就感，对士兵最引以为傲的东西大加肯定，同时也用听众内心所想的问题，敲响警钟，从而使将士们认识到重任依然、使命依然，认识到还有更大的光荣在等待着他们。

第六种是节奏调控法

致辞强调轻重缓急、抑扬顿挫、快慢张弛。领导致辞切不可一个调子弹到底,一个拍子打到头,要注重节奏的调整和变换,一味的"快三步"不可。一味的"慢四步"也不行,因为一种风格容易让人感到厌烦。

第七种是气势震场法

领导者发表致辞,多是基于说服和鼓励的目的,这里气势的运用,非常重要。大多数情况下,听众的良好情绪并不产生于致辞者本身,况且有时听众对致辞者并不熟悉,他们听致辞时情绪高涨还是低落很大一部分是受致辞会场气势的影响。

美国第 42 任副总统沃尔特·蒙代尔 1984 年在旧金山接受民主党总统候选人提名时发表了一篇精彩的演讲:"对你们中间曾给里根先生投过票的人进一言。我知道你们那时说了些什么,但我也知道你们那时没有说出来的话。你们投票支持的不是 2000 亿美元的赤字,你们投票支持的不是军备竞赛,你们投票支持的不是将天空变为战场,你们不是为了破坏社会保障制度和老年保健医疗制度而投票的,你们不是为了破坏家庭、农场而投票的。你们不是为了破坏公民权利法而投票的,你们不是为了毒化环境而投票的,你们不是为了打击穷人、病人、残疾人而投票的,你们不是为了用 50 美元购买一只 50 美分的灯泡而投票的……"这一部分演讲历数了他认为的里根政府的种种弊端和不作为,论述流畅,说理透彻,叙述层次清晰,气势磅礴,咄咄逼人,既抨击了竞选对手,又有效地激发了听众的兴趣。

第八种是调动参与法

真正善于致辞的领导。总能巧妙地让听众动起来,使之融入自己的致辞中,与自己一道表演。领导致辞毕竟不是演独角戏,有主角，更离不开配角。致辞时，调动听众的情绪、思维，是至关重要的。一般可采取设问法，就是以设问的形式引导听众，使他们跟着致辞者的思路去理解、思考致辞内容，去完善提升致辞主题，从而达到控场的目的。

一位警察局长在向群众报告破获盗窃案的经过时，就多用设问，使听众在心中形成多个自问与索答，致辞层层推进，层层剥开，最后揭示主题。如：盗窃犯真的都有组织吗？是的，他们大都是有组织的，但他们是怎样组织的呢？……你们又该注意些什么呢？如何防盗？面对盗贼又该咋办呢？他特地请了几位现场的听众，请他们谈谈自己的见解，谈谈他们的建议，并让几位曾遭受偷盗、直面盗贼的听众谈感受和体会，并在此基础上进行扩展和发挥，从一个专家的角度进行案例分析，教观点、教方法，使听众的精力始终投入到倾听之中。彼此互动，融为一体。

总之，在致辞时注意把握听众。就是寻找一条致辞者和听众之间的最佳沟通的桥梁，有了这座桥梁，致辞者才容易走进听众的心中被听众接纳认可，致辞的效果也才能够最大限度地有效发挥。否则，致辞者游离于听众之外，听众对致辞的内容兴趣索然，或无动于衷，致辞就难以取得预期的效果和目的。

致辞中的禁忌要领

领导职位越高，致辞的正效应或负效应也就越大。"一言兴邦，一言丧邦"，这句话也可以用来概括领导干部致辞的重要性。领导干部致辞，要讲得好，讲得巧，讲得得体，讲得艺术，话出人服，言到事成，是很难的。人非圣贤，孰能无过？要完全避免各种失误

第一章　领导致辞基础

是很难很难的。但是，领导干部必须对自己的致辞提出这样的要求：努力避免轰动性失误，即避免举座哗然、议论纷纷，甚至会后还有余波的失误。领导致辞有哪些忌讳？要戒除哪些不良的东西？主要的可以概括为下列几条：忌贪大求全，忌平淡无趣，忌烦冗啰嗦，忌空话套语，忌雷同重复，忌僵化死板。

一忌贪大求全。忌贪大求全，就是忌面面俱到，末次不分，像开中药铺似的。早在50多年前，毛泽东同志就指出："写文章，做演说，著书，写报告，第一是大壹贰叁肆，第二是小一二三四，第三是甲乙丙丁，第四是子丑寅卯，还有大ABCD，小abcd，还有阿拉伯数字，多得很！""现在许多同志津津有味于这个开中药铺的方法，实在是一种最低级、最幼稚、最庸俗的方法。这种方法就是形式主义的方法。"现在这种毛病仍然存在。解决的办法，首先安排文字材料的框架结构，要从实际出发，该复杂则复杂，该简单则简单，不能认为篇幅大、条条多，材料才有分量，才能体现水平。其次，要紧紧抓住本质、抓住要害，抓住最能反映事物本质的东西，从一点进入，向纵深开掘、拓展，这样的材料才会有深度。再次，无论是向纵向还是横向阐发问题，都要高度集中。能三个问题说清楚的，就不写四个问题；能四个问题说清楚的，就不写五六个问题。每个问题，也不一定非要再搞成几条。切忌搞"三三制"之类的模式。

二忌平淡无趣。平淡是指观点平淡，语言平淡，通篇一般化，使人听后感到没有解决什么问题。一篇好的致辞，听了以后可以使人记住重要的观点和精彩的语言。像毛泽东《为人民服务》讲话中的"重于泰山"和"轻于鸿毛"就使人印象深刻。如果致辞语言平平淡淡，使人听起来"一般化"，在脑子里打不上"烙印"，难以给人留下值得回味的东西，就很难打动人、启发人。致辞平淡无趣的主要原因：一是缺乏对问题的深入研究，只知其一，不知其二；只知其然，不知其所以然。所以，论述也浮在表面。二是缺乏对当地情况的具体分析，照抄照搬上级领导的讲话精神，没有较强的针对性。三是缺乏对观点、语言的提炼。

三忌烦冗啰嗦。烦冗，即动辄洋洋万言，啰啰唆唆，拖泥带水，短话长说。造成致辞篇幅长的原因，从撰稿人的角度看，存在一种贪大求全的思想，有的人认为内容多、篇幅长，才能显示自己的才华。有的人写东西有"无三不成文"的习惯，有时候，其实只有一两点新的思想，为了敷衍成篇，硬拼凑出三四层意思来，出现生拉硬扯的现象。把一些可写可不写的话也写进去，面面俱到，不但文字冗长，而且容易把新鲜和重要的思想，淹没在一般化的东西里面。其实，致辞的篇幅长短与材料取舍有很大的关系，我们必须用主题去统率材料，用材料去表现主题。凡是与主题关系密切的，能有力地说明、烘托、突出主题的就选用；凡是与主题关系不大，不能很好地反映主题的材料就要舍弃。切实做到宁缺毋滥，能忍痛割爱。少说废话的道理很简单，但要真正做到并不容易。致辞一定要选择那些能反映观点、支持观点的材料，力求观点与材料的有机统一。

四忌空话套语。空话太多，或只有观点，没有论证，或只有原则要求，没有具体要求、具体措施。没有可操作性。避免空话、套话的主要方法：一是要看"实"的东西有没有。如领导层并未对开展某项工作进行缜密的研究，没有提出具体的措施，仓促上阵动员，撰稿人则"巧妇难为无米之炊"。在这种情况下，撰稿人应该积极发挥其参谋助手的作用，建议和帮助领导进行这方面的谋划。二是"实"的东西已经有了，撰稿人能否写进去。这就要在谋篇布局和选用材料上下功夫，要朝"写实"的方向努力，要多用"实"的材料，不仅要充分反映领导的具体思路，还要加以补充和完善。

五忌雷同重复。忌雷同重复就是忌照搬照抄，千人一面，没有个人特点和风格。年年岁岁花相似，岁岁年年"貌"相同。雷同的致辞，没有新鲜的东西，与本地区、本部门的工作实际相脱离，缺少针对性和指导性。比如内容,有时省、市、县三级领导人对同一项工作的讲话竟如出一辙,除了把"我省"改为"我市"、把"我市"改为"我县"之外,差不多全盘照搬。

2009年,在公安部消防局主办的中国消防在线网站上,河南两个消防支队的宣传稿件如出一辙,1000多字稿件800字内容相同。再比如结尾,写来写去都是那么几句老话。如"回顾过去,豪情满怀;展望未来,任重道远。让我们在……领导下,在……指导下,解放思想,坚定信心,抓住机遇,开拓进取,为……而奋斗!"

致辞写作如同材料"加工厂",每天都在加工制造,要写出一篇有见地、有新意、能吸引人的致辞确实不易,必须始终保持一种创新热情,提高创新能力,力求使致辞有新鲜的东西。要对自己写的东西多问几个为什么,勇于否定自己;经常关注和研究新形势、新动态、新情况、新问题,在"新"字上下工夫,从"新"中求异,做到选用的材料新、概括的观点新、总结的经验新、提出的要求新、探索的规律新,使人听了能受到新的启迪。善于观察,勤于思考,反复比较,从老问题找出新的角度,从旧中求新,"旧题新作",分析新的情况,说出新的认识,拿出新的办法。

六忌僵化死板。领导致辞有一定的写作法则和规律,按照定的规范格式来写是有必要的,但只是外在格式的统一规范,不应把致辞写作模式化、程式化,因为一成不变的程式会把人捆得死死的,严重束缚人的思想,影响致辞的生动性。"众稿一词""千文一面"的现象,是致辞内容上僵化的表现。这样僵死的形式,很难写出富有生气的致辞来,也很难不讲重复的话。这种形式使写者厌倦、听者厌烦。要突破僵化的八股式致辞写作模式不容易,一是观念的转变很难。一些领导同志习惯于致辞平淡无味、四平八稳,要改变它,难免一时不会被接受,难以通过。二是笔下生花也不易,需要很高的文字表达能力。三是冒改革的风险。这就要求领导干部改变思维定式,从陈规旧习的束缚中解放出来。作为撰稿人,不能因为致辞内容形式的创新难而退缩，要注意加强学习，提高素质，在实践中不断探索，力争使致辞有一个最恰当、最适宜、最有自身特点的内容和形式。

这些在领导致辞和致辞写作中存在的弊病，无疑影响着领导致辞的客观效果和致辞的写作质量，必须通过加强研究，促进领导致辞水平的不断提高。

第二章

会议致辞

　　会议致辞是领导与公务活动的一种方式，只要做领导工作，就离不开会议致辞。致辞的好坏直接影响着会议的效果和领导者在公众心目中的形象。因此，一席成功的致辞，能有效提升领导者的形象和威望，提升领导者的人格魅力。

万能结构模板

会议致辞是领导参与公务活动的一种方式,是实施领导职能的重要途径。无论是高级领导还是基层领导,无论是机关领导还是企业领导,只要做领导工作,就离不开会议致辞。会议致辞即各级党政机关和单位的领导人对有关工作或在某些会议上所作的发言。会议致辞最能展示领导者个人的能力、胆识、个性和风采。在公众集中的场合及各类会议上,尤其是一些重要会议上,一席成功的致辞,能有效提升领导者的形象和威望,提升领导者的人格魅力。

一次工作会议,致辞发言者一般有多人,但中心性的致辞只有一个,其他的致辞,如表态性致辞、强调性致辞、总结性致辞,无论是内容还是形式,都与中心致辞是有原则区别的。这本是一个常识问题,但在实际工作中,同一会议上出现多个致辞雷同的现象还不是个别现象。这直接影响会议的效果和领导者在公众心目中的形象。因此,要针对不同的分工,来确定会议致辞的内容和风格。

会议致辞多由标题、题下标示、正文组成:

标题及题下标示

标题包括致辞者、会议名称、文种类别构成,也可以只写会议名称和文种类别,而将致辞者、日期在标题下标明。个别情况下可用正、副双标题。

简而言之,标题部分可分为简式标题和复式标题两类:简式标题一般由主致辞人的姓名、职务、事由和文种构成,如《×××省长在全省教育工作会议上的致辞》;复式标题由一个主标题和一个副标题组成,主标题一般用来概括致辞的主旨或主要内容,副标题则与简式标题的构成形式相同。如:《进一步学习和发扬鲁迅精神——在鲁迅诞生110周年纪念大会上的致辞》

正文

会议致辞作为领导人代表集体在公共场合发表观点和意见的"底本"。写作的具体要求须依发表的内容而定。从普遍意义上讲,要准确反映党和政府的政策,表现出较高的政治水平,语言方面要浅显易懂、流畅生动。

致辞的正文包括开头、主体和结尾三部分。

(1) 开头部分

首先根据与会人员的情况和会议性质来确定适当的称谓,如"同志们""各位代表""各位专家学者"等,要求庄重、严肃、得体,然后用极简洁的文字把要讲的内容概述一下,说明致辞的缘由,或者所要讲的内容重点。

(2) 主体部分

根据会议的内容和发表致辞的目的,可以重点阐述如何领会文件、指示、会议精神;可以通过分析形势和明确任务,提出搞好工作的几点意见;可以结合本单位情况,提出贯彻上级指示的意见;可以对前面其他领导人的致辞作补充;也可以围绕会议的中心议题,结合自己分管的工作,谈几点看法等等。

如《淮南市上窑国家森林公园领导在工作作风会议上致辞》的主体部分:

"从职工中来,到职工中去",是转变干部作风、提高干部素质、更新干部观念的突破口和切入点。当前，个别干部在思想作风、工作作风方面存在深层次问题，思想怠、作风懒，给单位发展造成了不少负面影响。造成这种境况无不与我们干部，特别是个别领导干部的思维方式、生活习惯，与我们的"懒、散、惯、惰"有关联，即使头脑再聪明，也不会有大出息，也干不成大事业。可以说，"懒、散、惯、惰"作风是前进道路上的绊脚石，它影响和耽误一个单位的经济发展，甚至使这个单位的经济倒退。

记得有位市委领导同志说过："群众懒是党员造成的。党员懒是干部造成的，一般干部懒是领导干部懒造成的。不怨群众不老实。而是干部没落实；不怨基层常出事，而是干部多避事；不怨干部作风懒，而是领导骨头软；不怨干部不检查，而是领导没督查；不怨干部怕惹人，而是领导是好人。""懒、散、惯、惰"性当头，势必头脑简单，四肢发达，即使表面上辛辛苦苦，充其量只是守守摊子，当个维持会长，有时恐怕连摊儿也守不好，维持也维持不好；只会维持现状，事业不可能有大起色，一旦遇到新矛盾，很有可能会手忙脚乱，误大事，这就是所谓的"辛苦"。学习是治懒惰的良药，职工是治懒惰的良医，心里装着职工，密切联系职工，真正走到职工中间去，你就不会成为"懒惰"官；不到职工中去，就不知道自己的水平有多差；不与职工接近，就体会不到自己早已远离了职工；职工是我们的良师益友。离职工越近，思想就会越解放；离职工越近，信念就会越坚定；离职工越近，对政策理解就会越透；离职工越近，解决困难和矛盾的办法就会越多；离职工越近，也会对腐败现象认识得越深刻，也就会离腐败越远。

正像毛主席所说的"从群众中来，到群众中去"。有位名人说过："当官有几戒，戒贪、戒昏、戒庸，更戒懒惰。"其实，懒惰和昏庸是紧密相连的。一个领导干部，不愿深入一线、深入实际，整天泡在办公室，腿懒、嘴懒、手懒、脑子懒，行动更懒，贪图安逸，怕苦怕累，对基层了解若明若暗，对工作情况一知半解，对矛盾和问题心中无数。我们一部分人宁可挨饿、守穷，却不愿去改变现状。我国应该出台一部治懒的法律，通过这样的法律，促使许多人由懒变勤，由穷变富。如果对号入座的话，我们的干部中有多少人在这个"号"和座里边呢？穷不可怕，怕的是志气短，思想怠，作风懒。贴近群众，克服懒惰，以高昂的勇气和工作热情，大胆处理和解决好在新的历史条件下引发的各种矛盾，在实际工作中培养和锻炼驾驭全局和复杂局面的能力。踢开干部作风面前的"绊脚石"！

结尾部分

结尾用以总结全篇，照应开头，发出号召，或者征询对致辞内容的意见或建议等。

如某市领导《在全市组织部长会议上的致辞》的结尾部分：

同志们，事业发展，关键在人；目标实现，重在落实。完成今年各项工作任务的思路已经清晰，措施已经制定，责任已经明确，关键是抓好落实。各级党委要结合带领广大干部职工，振奋精神，开拓创新，扎实工作，为完成今年既定的各项目标任务。为实现经济社会的持续快速健康发展而努力奋斗！

高考庆功致辞

范文在线赏析

【致辞人】高三年级主任

【致辞背景】在高考庆功会上致辞

尊敬的各位领导、各位嘉宾、老师们：

大家好！

今天，我们在这里欢聚一堂，共同庆祝我校××××年高考再创佳绩。这是一个喜庆的日子，这是一个注定要被载入我校史册的时刻。在此，请允许我代表××××届全体任课教师与大家分享这份喜悦与快乐。共同感受作为一名教育工作者的幸福与自豪！

众所周知，××××届是××中学近几年招生人数最少，生源质量最差的一届……说句真心话，三年来我们××××届的全体老师承受着巨大的压力，尽管我们有过失望，有过沮丧，有过苦闷，有过彷徨，但我们从没有放弃过追求，从没有忘记自己肩负的重大责任和使命。三年来。我们在××中学这块沃土上默默耕耘着自己的理想，用辛勤的汗水和顽强的毅力书写着××中学的历史，我们完全有理由为自己辛苦的三年而喝彩！

百年大计，教育为本，教育大计，教师为本。成功的花蕾从来都是用汗水灌溉而成的。为了××××年的高考我们倾注了满腔的心血，我们付出了太多太多的努力。正是因为有上级领导对××中学的关心、厚爱与扶持。有学校毕业班领导小组的科学指导、扎实工作，才使我校××××年高考再创辉煌，再结硕果；正是因为有老师们三年如一日的不懈追求、无私奉献，才使××中学这棵教育之树枝繁叶茂、长生常绿，才使××中学的教育之花永开不败、越开越艳。（优秀教师事迹略。）

还有许许多多在各自的岗位上任劳任怨、埋头苦干、无私奉献的老师们，他们的身影已经成为一道漂亮的风景定格在了我们每一位教师的心中。脚踏实地海让路，持之以恒山可移，三年的酸甜苦辣，三年的努力拼搏。我们××××届的全体老师用自己的实际行动在平凡的人生舞台上演绎了生命的辉煌！

各位领导、各位嘉宾、老师们，成绩已经属于过去，谋求新的业绩，实现新的跨越才是我们更加远大的目标。而对日益激烈的教育竞争，我们决不会满足于现状，更不会陶醉于过去，我们已经清醒地认识到目前所面临的生存与发展的压力，我们已清醒地意识到自己肩负的责任与使命，在今后的工作中，我们将认真实践"向学好善，思进有为"的办学理念，发扬事不避难，勇于担当的进取精神。做不断进取的开拓者，终身学习，与时俱进；做崇高师德的力行者，争做师德的表率、育人的楷模、教育的专家；做传播文明的奉献者，耐得住寂寞，守得住清贫，经得起诱惑，立足岗位，淡泊明志，尽心尽责，甘为人梯。

各位嘉宾、老师们，今日煮酒论英雄，明年再摆庆功酒。我衷心地期待明年的庆功会更加出色，明年的××中学教育更加辉煌！同时我们定将以更加坚定的信心，更加饱满的热情，投入更多的精力，为即将到来的××周年校庆，为××中学更加灿烂的明天作出我们应有的贡献！

运动会庆功致辞

范文在线赏析

【致辞人】副县长
【致辞背景】在残疾运动员庆功会上致辞
各位领导、同志们、朋友们：
你们好！
在这金秋送爽、硕果飘香的收获季节里，在全国体育工作会议胜利召开的氛围下,我们迎来了我县参加九运会残疾运动员的凯旋归来。(成绩略。)

在这里,让我代表县委、县政府和全县 50 万人民对你们所取得的成绩表示热烈的祝贺,对市残联领导的到来表示真诚的欢迎,也向辛勤培育你们的教练员和支持你们工作的家属表示亲切的慰问。

体育是关系人民健康的大事,体育水平是一个民族文明进步的重要标志。残疾人体育是全民体育的重要组成部分,发展残疾人事业是社会文明进步的重要标志。本届省运会首次将残疾人比赛纳入全民运动会之中,这是我省体育运动史上具有标志意义的一件大事,充分体现了残疾人平等、参与、自强、共进的宗旨。

体育比赛不只是一较高下,这是一个汇报工作的舞台,向兄弟县市学习的理想课堂。通过你们克服困难、顽强拼搏、奋勇争先的精神,展示了我县残疾人身残志不残的精神面貌,展示了我县残疾人体育运动的特色,更展示了我县整个残疾人事业的发展状况,你们为我县争了光,更为落实国家奥运争光计划作出了××人应有的贡献。

我们的×××、×××两位同志被省队选中,这是对你们自强不息精神的肯定,也是我县的骄傲,希望你们能继续努力,在新的征程上不断进取、阔步向前;更希望全县残疾人,对于自己的不幸,不要抱怨、不要消沉,向我们的残疾运动员学习,做一个身残志坚,勇于向命运抗争的勇者。

最后,让我们再一次向取得优异成绩的同志表示祝贺,希望你们能再接再厉,再创佳绩,为家乡××争光。谢谢!

表彰劳模致辞

范文在线赏析一

【致辞人】公司领导

【致辞背景】在"五一"国际劳动节前夕公司劳模表彰会上致辞

同志们：

在全世界工人阶级和劳动人民的光辉节日——"五一"国际劳动节前夕，我们在这里隆重集会，通过对劳模、红旗集体进行表彰并聆听他们的先进事迹报告，这个节日更具有特殊的意义。在此，我代表公司行政向在我公司改革发展和生产经营工作中作出突出贡献的劳动模范、红旗集体，表示热烈的祝贺！向在全公司各条战线辛勤劳动、努力工作的广大干部职工致以节日的问候！向所有为公司改革发展和生产建设作出积极贡献的劳动者，表示崇高的敬意！道一声：你们辛苦了！

××××年，坚持全心全意依靠职工办企业是我们的一贯方针，也是我们克难制胜的法宝。正是有了这一条，我们才能走出困境，创造一个又一个辉煌。××××年，我们的生产经营能够取得这样的成绩，就是公司上下团结一心、共同奋斗的结果，也是与广大先进模范人物的骨干带头作用分不开的。公司广大干部职工在各自的岗位上努力工作，辛勤劳动，涌现出了一大批敬业爱岗、无私奉献、贡献突出的先进模范人物和先进集体。他们在各自的工作岗位上创造出不平凡的业绩，为公司的发展建立了不可磨灭的功勋，这是我们的光荣，更是我们全体劳动者的骄傲。今天受到表彰的××× 名劳动模范和×××个红旗集体就是其中的优秀代表。刚才五位代表的事迹报告，无不体现出他们的主人翁责任感和艰苦创业精神、忘我的劳动热情和无私奉献精神、强烈的开拓进取意识和求实创新精神、良好的职业道德和爱岗敬业精神，集中体现了鲜明的时代精神，展示了新时代劳动者的崭新风貌。

公司上下都要关心爱护先模人物，大力弘扬劳模精神。劳模和先进人物是时代的旗帜，是现代化建设的骨干力量，是企业的宝贵财富。几十年来，劳模和先进人物为公司生产建设和改革发展作出了突出贡献，在社会主义市场经济的新形势下，他们与时俱进，开拓创新，扎实工作，取得了新的更加辉煌的业绩。我们要大张旗鼓地宣传劳模，大力弘扬劳模精神。使劳模精神不断发扬光大，使劳模的优秀品格成为激励广大职工群众的精神动力。各级党政、工会组织要从政治、学习、工作、生活等方面关心、爱护、支持劳模，加强对劳模的服务，为他们发挥聪明才智和模范带头作用创造更好的条件，把温暖送到他们的心坎上。同时，也希望劳模和先进人物倍加珍惜自己的荣誉，始终保持谦虚谨慎、艰苦奋斗的精神，再接再厉，与广大职工群众一起，在新的起点上创造新的业绩。要通过自身的模范行动，影响和带动广大职工群众自觉同公司保持一致，努力维护改革、发展、稳定的大局；影响和带动广大职工群众学习掌握先进技术，不断提高业务素质和工作能力；影响和带动广大职工群众树立正确的世界观、人生观、价值观，树立良好的职业道德和敬业精神；影响和带动广大职工群众积极投身于公司生产经营管理中，为打造一流企业、创建一流企业共同奋斗。

同志们，艰难困苦，玉汝于成。实现新跨越，建设新××，公司广大职工肩负着光荣而神圣的重任。让我们与时俱进，开拓创新，扎实工作，不断取得公司改革发展和生产建设的新胜利！

第二章 会议致辞

范文在线赏析二

【致辞人】省总工会党组书记

【致辞背景】在"五一"国际劳动节前夕举行的全市劳模表彰大会上

同志们：

在全世界工人阶级和劳动群众的共同节日——"五一"国际劳动节即将来临之际，××市隆重召开劳动模范表彰大会。我代表××省总工会，向受到表彰的劳动模范和模范集体表示热烈的祝贺！向工作在各条战线上的全市劳动群众致以亲切的问候！向关心和支持工会工作的中共××市委、市政府的领导表示衷心的感谢！

近年来，在市委、市政府的正确领导下，在全市人民的团结奋斗、共同努力下，××市风调雨顺、政通人和，经济社会呈现出生机盎然、蓬勃向上、快速发展的可喜局面，经济繁荣、社会和谐、人民幸福，干部群众干事的积极性高涨，精神面貌焕然一新。我作为家乡人，为××市所取得的突出成就感到无比骄傲和自豪。借此机会，向带领全市人民顽强拼搏、积极进取的中共××市委和市政府的领导，向不畏艰险、勤劳勇敢的××市人民致以崇高的敬意！

在××市全面建设小康社会的伟大实践中，全市广大职工立足岗位，艰苦创业，为××市的经济发展和社会进步作出了突出贡献，涌现出一大批模范人物和模范集体，今天受到表彰的就是他们中的杰出代表。你们不仅用自己的勤劳和智慧，为社会创造了大量物质财富，同时，还用自己的先进事迹和崇高思想，为社会创造了巨大的精神财富，你们不愧是我们民族的精英、国家的脊梁、社会的中坚力量和人民的楷模。

劳动模范是党和国家的宝贵财富，劳模精神是伟大民族精神和时代精神的重要体现。无论社会文明进步到何等程度，无论财富积累到何种地步，我们都要学习和弘扬"爱岗敬业、争创一流、艰苦奋斗、勇于创新、淡泊名利、甘于奉献"的伟大劳模精神,让劳模精神始终成为引领时代进步的价值取向,永远成为我们永不退色的骄傲,永远成为引领我们前进的一面旗帜。站在新的历史起点上,要实现省委提出的建设"八大经济区"、实施"十大工程"、推动经济社会更好更快发展的奋斗目标,需要各条战线涌现出更多的劳动模范,需要更好地发挥劳动模范的示范引领作用,需要全社会大力弘扬伟大的劳模精神。

希望受到表彰的同志要倍加珍惜党和人民授予的荣誉,带头学习实践科学发展观,带头提高科学文化素质,努力做善于学习的模范、勤于思考的模范、依靠科技创新求发展的模范,再接再厉,再立新功,再展新姿。

同志们,伟大的事业需要伟大的精神,伟大的精神推动伟大的事业。衷心祝愿全市人民在中共××市委、市政府的领导下,求真务实、开拓创新、埋头苦干、攻坚难关,为××市经济社会更好更快发展作出新的更大的贡献。

最后,预祝大会圆满成功!

小型庆功会、表彰会致辞

范文在线赏析

【致辞人】××公司董事长
【致辞背景】××公司上市庆功宴
尊敬的各位领导、各位来宾,女士们、先生们:

晚上好！

今天是我们公司成功上市的日子，我感到无比的自豪和激动。首先我要说的是"感谢"，感谢多年来关心、支持、帮助我们公司的各位领导、各界朋友，感谢公司全体员工的共同努力和无私奉献！

回顾走过的路，我百感交集。公司从一个业内不起眼的小公司一步步发展壮大为今天的上市公司，在这个过程中，全体员工所付出的辛劳大家有目共睹，正是有了你们的甘于奉献才有了我们公司的今天。我们公司的上市，代表着社会对我们的认可，也代表着公司迈上了一个新台阶。上市为我们公司这部高速运转的发动机注入了新的润滑剂，为我们公司的发展翻开了崭新的一页！

昨天取得的成绩已经成为历史，我们要继续发扬艰苦奋斗的精神，信心百倍地迎接明天的挑战。我们要始终践行"创造价值，走向未来"的经营理念，进一步整合资源、提高效率，实现产品规模化、技术现代化、管理国际化，提高公司的核心竞争力和赢利能力，将公司做得更大、更强，用更加辉煌的业绩回报广大投资者、回报社会，不辜负广大投资者以及各级领导、各界朋友的信任和期望。

朋友们，我们相信公司的明天会更加美好！

最后，再次感谢大家的光临，谢谢！

范文在线赏析二

【致辞人】××区政协主席

【致辞背景】区政协工作表彰会

各位委员、各位同志：

大家好！

在这迎春接福、万象更新的日子里，在××××年新春佳节即将来临之际，我们欢聚一堂，在此总结××××年区政协工作，并表彰在××××年为我区、我市各项事业作出贡献的先进个人。在此。我代表区政协常委会对受表彰的先进个人表示祝贺！对你们在工作中表现出的奉献和开拓精神表示崇高的敬意！

今天受表彰的各位是我区政协工作中的先进代表。他们来自不同的行业，有着不同的身份，但都在各自的岗位上贡献着自己的力量，践行着一名政协人的光荣使命。在这些先进个人身上体现着同一种情怀，那就是对政协工作的热爱之情。他们在基层工作中能够密切联系群众，以全心全意为人民服务为宗旨，甘于奉献，不求回报，急人民所急，办人民所需。正是他们这种无私奉献的精神，推进了全区各项事业健康、稳定地发展，形成了我区政通人和的良好局面。

受表彰的先进个人总是有着人数上的限制。今天在座的还有很多同志也取得了很大的成绩，虽然你们没有站到受表彰台上，虽然你们依旧会默默无闻地在自己的岗位上奉献，但是，你们做出的成绩是不会被掩盖的，终究会得到大家的肯定。

各位委员、各位同志，在改革开放已走过××多个年头的今天，我们要秉承老一辈人的奉献精神，埋头苦干、努力拼搏。我衷心希望广大政协委员以先进个人为榜样，积极进取，与时俱进，奋发图强，站在改革开放和经济建设的最前沿，为我区经济建设再上一个新台阶而开拓进取，为开创政协工作新局面而不懈奋斗。

展望新的一年，我们期盼××经济发展更加充满活力！

展望新的一年，我们期盼××百姓的生活更加和谐美满！

展望新的一年，我们期盼××社会环境更加和谐有序！

最后，衷心祝愿我区政协事业蒸蒸日上、继往开来、再创辉煌！衷心祝愿各位领导、各位委员和同志们万事如意、工作进步、身体健康！

谢谢大家！

表彰优秀教师致辞

范文在线赏析

【致辞人】县教育局长

【致辞背景】在教师节庆祝暨表彰大会上致辞

各位领导、朋友们、同学们：

大家好！

在这金秋送爽、硕果飘香的时节，我们又一次迎来了广大教育工作者自己的节日——教师节。

今天我们在这里隆重举行庆祝暨表彰大会，感受全社会尊师重教的浓厚氛围，表彰在我县教育战线上无私奉献、成绩显著的十佳校长、十佳班主任、十佳教师、优秀教师和优秀教育工作者，表彰尊师重教先进单位。首先我谨代表县教育局党委向全县广大教师和教育工作者致以节日的问候！向曾经为教育事业作出过重大贡献的离退休教师们致以崇高的敬意！向受表彰的教师和单位表示热烈的祝贺！向长期关心、支持我县教育事业的各级领导和社会各界朋友表示衷心的感谢！

老师们、朋友们、同学们，振兴民族的希望在教育，振兴教育的希望在教师。近年来，在县委、县政府的正确领导和社会各界的关心和支持下，我县教师队伍中又涌现了一大批优秀教育工作者。有像×××同志一样学高为师、身正为范的优秀校长；有像×××同志一样以校为家、爱生如子的优秀班主任；有像×××同志一样淡泊名利、甘为人梯的优秀教师。今天受表彰的十佳校长、十佳班主任、十佳教师、优秀教师和优秀教育工作者，他们身上集中体现了新时期教师品德高尚、业务精良、开拓创新的精神风貌。他们是广大教师队伍中的杰出代表，是全县广大教育工作者学习的榜样，是我县教育发展不尽的动力源泉。

当然，像你们这样在平凡的岗位上默默工作的教师很多很多，他们用辛勤的汗水换来了累累的硕果。几年来，全县有×××人被评为省级骨干教师，有×××人被评为市级骨干教师，他们都是我们学习的榜样。

老师们，在欢度节日的时候，在备感光荣和自豪的时候，你们应该清醒地认识到教师的责任和义务。你们更应该明确时代和人民对我们的要求和期盼。那就是：

第一，希望你们始终牢记自己肩负的历史使命和承担的时代重任。百年大计，教育为本；教育大计，教师为本。党和政府对你们有很高的要求，人民群众对你们有很高的期望，你们只有发奋努力，并能不辱使命，不负众望，才能无愧于人民教师的光荣称号。

第二，希望你们不断加强理论修养和业务学习，全面提高自身素质。教育的改革和发展，对教师的素质提出了新的、更高的要求，只有不断用科学的教育理论武装头脑，不断掌握现代教育技术和教育手段，才能在教育改革的大潮中，抓住新机遇，迎接新挑战，开创新局面，作出新贡献。

第三，希望你们加强师德修养，锤炼高尚品格，教书育人，为人师表。教师的人格力量来源于教师高尚的师德，来源于教师对教育事业、对学生的深厚之爱，我们的教师就是要做一个高尚的人，就是要做一个脱离低级趣味的人，做一个深受学生热爱和尊敬的人。

老师们，更新我们的教育观念，不但要学习它、思考它，更要实践它。我们必须清醒地认识到，我们的教育观念与时代发展的要求还有距离，我们的教育行为与规范的要求还有距离，我们的办学水平与人民的意愿还有距离。

我们只有在县委、县政府的关怀下，在社会各界朋友的关心下，在全社会尊师重教的氛围里，在学生和家长们渴求优质教育的目光中，以始终发扬奋发有为、昂扬向上的精神，在正确的教育观念的指导下，不断地、全面地提高办学水平，做为人民服务的教师，做让人民满意的教师。光荣存在心头，责任放在肩上，让我们团结一致，同心同德，聚精会神干事业，一心一意谋发展，为全县教育腾飞、经济发展作出我们更大的贡献。

老师们，在第××个教师节来临之际，我谨代表局党委真诚地祝愿每一位教师，每一位教育工作者节日愉快，让理想的梦境开满绚丽的鲜花，让世界为我们鼓掌，让历史写上教育的辉煌！并再一次道一声：老师，辛苦了！谢谢你们！

表彰优秀员工致辞

范文在线赏析

【致辞人】某企业领导
【致辞背景】在×××同志先进事迹报告暨表彰大会上致辞
同志们：
大家好！
刚才，报告团的五位成员为我们作了一场很好的×××先进事迹报告，以他们的亲身感受，从新的层面、新的视角，为我们进一步充分展示了×××同志丰富而精彩的人生，×××的事迹感人至深，催人奋进。报告非常成功。×××同志是企业员工的优秀代表，是我们全体员工学习的榜样。

从×××同志的先进事迹中，我们可以真正地感受到，他是一个乐观自信、敢想敢为的人，是一个执著敬业、追求卓越的人，是一个襟怀坦荡、品德高尚的人。他用独创的技术改写了企业铁路自动控制的历史；他用自己的双手绘制出了企业铁路运输的现代化；他以高尚的人格魅力，感召着广大员工，带出了一支技术过硬的团队。×××同志是企业员工的优秀代表。在他身上，充分体现了一个共产党员求真务实，无私奉献的优秀品质，充分体现了一个当代产业工人勤奋学习，执著进取，精业报国的价值取向，充分体现了企业员工顽强拼搏，开拓创新，敢于胜利的精神风貌。我们为有以×××同志为代表的优秀员工队伍感到骄傲、感到自豪。

正因为有了这样的员工队伍，我们的企业才能够在激烈的市场竞争中，勇立潮头，搏击商海，勇往直前，持续不断地创造出骄人业绩；正因为有了这样的员工队伍，我们在前进的道路上，才始终充满豪情与自信。想到这支队伍，我们就备感有责任把企业的事情办好。看到这支队伍，我们就更坚信企业有条件有能力把自己的事情办好。每一次到工地、到生产现场，我都深深地为员工的热情、精神所感动。××精神已经成为十里钢城一面鲜艳的旗帜，已经成为鼓舞我们继续奋勇前进、勇创佳绩的宝贵的精神财富。

学习×××同志，就是要培养造就更多×××式的优秀员工，打造具有国际竞争力的高素质团队。伟大的时代呼唤高技能人才，伟大的事业造就高技能人才成长。企业的事业给各类人才脱颖而出、健康成长提供了广阔的舞台，关键要靠我们自己去把握、去创造、去奋斗。当前，企业正处于重要的转型时期，在我们实现装备大型化、现代化，管理信息化、扁平化，大力推进企业跨越式发展，谋求更大发展的今天，培育一大批×××式优秀员工，打造具有国际竞争力的高素质团队，尤其具有重要而深远的意义。

×××同志的成功，给予我们深深的启迪。××精神的实质是价值最大化，核心是持续创新，关键是不断学习。我们要向×××同志学习，打造具有国际竞争力的高素质团队，要学习他一专多能、追求卓越的进取精神；就要学习他敢想敢干、敢为人先的创新精神；要学习他对事业如醉如痴、精益求精的执著精神；要学习他精业报国、忠诚企业的奉献精神。

学习×××同志，贵在行动，重在实践。各单位、各级党组织要从实践出发，充分认识开展向×××同志学习活动的重要意义，切实加强组织领导，让×××精神更广泛更深刻地在企业这块热土上开花结果，为我们的企业注入不息的动力。广大员工要以×××同志为榜样，结合自身实际，从一点一滴做起，爱学习，肯钻研，充分发挥自己的聪明才智。争做学习型、知识型、创新型、复合型的新时代建设者，为企业的发展贡献智慧和力量。

同志们，蓝图已经描绘，目标已经确定，只要我们以×××同志为榜样，坚定必胜的信念，万众一心，奋发进取，我们的目标就一定能够实现。

表彰"五好家庭"致辞

范文在线赏析

【致辞人】机关领导

【致辞背景】在"五好文明家庭"表彰会上致辞

同志们：

今天，省直机关工会、省直机关妇工委在这里召开"五好文明家庭"表彰会，这对于推动机关文明建设、构建和谐社会有着重要的意义。

在此，我代表省委省直机关工委向受表彰的"五好文明家庭"表示热烈的祝贺！同时，"三八"国际劳动妇女节即将来临，借此机会向在座的妇女干部表示节日的问候和良好的祝愿！

刚才，省外经贸厅、省安全厅、省检察院、省国税局的几位同志介绍了他们表彰家庭的事迹，他们讲的都是发生在我们周围家庭的人和事，他们讲得非常好，非常感人，使我们很受教育，很受鼓舞。他们与今天受表彰的其他家庭一样，都是近年来省直机关涌现出的先进典型，他们中既有比翼齐飞、勇于创业创新创优的奋斗、奉献之家，也有弘扬美德、尊老爱幼、互敬互爱、倡导文明健康的新风之家；既有乐于助人、长期为社会奉献爱心的友善之家，也有面对人生重大变故，相互支持、相濡以沫、患难与共的坚强、和睦之家。在这些家庭中洋溢着追求科学、文明、健康生活的时代气息，体现出积极进取、奋发有为的精神风貌，展示了文明家庭热心公益、奉献社会的高尚情怀。中华民族的传统美德与时代精神在这些家庭中得到了完美的结合和体现。希望省直机关广大干部职工家庭向这些家庭学习，学习他们的坚强意志和进取精神，学习他们的人生态度和暖人情怀，学习他们的崇高境界和宽广胸襟，弘扬男女平等、夫妻和睦、尊老爱幼、邻里团结、勤俭持家的家庭美德，倡导科学、文明、健康的生活方式，树立助人为乐、无私奉献的社会主义道德风尚，以家庭的文明促进社会的和谐与发展。

开展"五好文明家庭"创建活动的根本目的，在于提高家庭成员的思想素质和科学文化素质。培养适应社会主义市场经济和现代化要求的"四有"新人，为经济发展和社会进步作出积极贡献。因此，创建活动要坚持以人为本，把教育人、培养人、塑造人作为首要任务。机关各级工会和妇女组织要紧紧围绕省直机关工委关于创建学习型机关的总体要求，把加强学习，提高素质作为创建"五好文明家庭"的核心。机关党组织要将创建"五好文明家庭"的活动纳入精神文明建设的整体格局，统筹考虑，共同规划，同步研究，同期推进，并主动关心和积极帮助解决在开展创建活动中出现的情况和问题，不断将"五好文明家庭"创建活动引向深入。

"创建优秀单位"动员大会致辞

范文在线赏析一

【致辞人】××区领导
【致辞背景】"创建优秀单位"动员大会
同志们：

今天，我们在这里召开"创建优秀单位"动员大会。

为促进文明城市和学习型城市的建设，市委、市政府下达了《××精神》的文件，此次大会的目的就是认真贯彻落实该文件精神，动员广大干部群众提高认识、明确责任、狠抓落实，围绕创新这一新时期下的新目标。以新的工作思路、新的工作状态投入到"创建优秀单位"的活动中来。

优秀单位的创建将是我区开展××工作的重大举措。是我区建立文明、学习型新区的基础和保障。优秀单位的创建能够极大地调动起广大干部群众工作的积极性和主动性，不断提高大家争先创优的意识。所以，各级机关单位、企事业团体要认真完成领导布置的各项任务，确保各项工作取得长足发展。

"创建优秀单位"是对大家工作的肯定，是对大家以后工作的鼓励。各单位要以此为契机，积极创新工作方式，不断拓展工作思路，努力提高工作效率，主动提升服务质量。以争取优秀称号为前进的动力，扎实开展工作，争取早日获得这一光荣称号。

最后，祝愿大家工作顺利，身体健康！

范文在线赏析二

【致辞人】××市市委书记

【致辞背景】"创建优秀单位"动员大会

各位领导、各位同志：

大家好！

为了调动广大同志的积极性，营造互相学习、互相赶拼的良好氛围。今天，我们在这里隆重召开"创建优秀单位"动员大会，希望大家能够积极投入到该项活动中去。

这次动员大会的主要内容是对下一步的创建活动进行具体安排。活动安排要紧密围绕我市的经济、文化发展规划建设，遵从一切从实际出发的原则。希望全市各级单位能够不断加强理论、技能的学习，踏实、努力工作，在单位内部深化争创意识，让每一名员工都认识到"创建优秀单位"的重要性，让他们在工作中增强主观能动性、计划性和预见性，提高工作效率。此外，还要重点关注基层发展建设，关注基础工作中出现的热点、难点，在工作中不断总结经验教训，牢记为群众服务的工作原则，以"创建优秀单位"为契机，为我市经济建设添砖加瓦。

"创建优秀单位"是我市政治、经济、文化取得更大发展的基础和源泉。我相信，通过这次的创建活动，大家一定会争学赶超，积极为我市的快速发展奉献自己的力量！

谢谢大家！

民主评议动员大会致辞

范文在线赏析

【致辞人】××县县委书记

【致辞背景】民主评议行风工作动员大会

同志们：

为了认真贯彻落实省纪委××次全会和省政府反腐败工作会议精神，今年将进行民主评议行风工作。今天，我们在这里召开民主评议行风工作的动员大会。此次动员大会的召开，对于加强干部队伍行风建设有着重要的意义。民主评议行风工作是一项长期而艰巨的任务，要把行风建设好，关键靠落实，这就需要大家共同的努力。我们要从以下三个方面来做好这次评议工作：

第一，我们要充分认识开展民主评议行风工作的意义。要认识到民主评议行风工作与广大人民群众的切身利益密切相关，需要人民群众的支持和参与。我们要把评议的主动权交给人民群众，让群众发挥社会监督的作用，并与司法、纪检等机构联合起来，将此次工作做到公开、公正、透明。我们评价一个地区、一个机构的民主行风好坏，不能只听领导同志怎么说，也不能仅凭本单位的自我评价如何，重要的是要听取基层群众的意见，由群众来监督、评议和检验。这才是最客观、最公正也是最权威的衡量尺度。我们在开展这项工作的时候，一定要增强紧迫感和责任感，认识到此项工作的重要意义。我们要解放思想，开拓创新，转变作风，严格规范市场交易行为，将行风建设作为我们县政府的大事来抓。

第二，我们要认清评议行风工作的形势，解决好群众急需解决的问题。近年来，我们县在精神文明建设中取得了一定的成绩，绝大部分干部职工在工作中能够做到廉洁自律。但是，我们也要清醒地认识到，我们身边还存在很多问题。比如基层部门存在"乱收费、乱罚款、乱摊派"等违反廉洁从政有关规定的行为，代收、代扣费用的现象在少数地区仍然存在；一些窗口服务部门存在服务态度差、工作拖拉、办事效率低的现象。这些问题既加重了企业、个体工商户等管理对象的负担，也严重影响和损害了政府的形象。我们要坚决通过此次民主评议行风活动解决这些问题。各单位要贯彻落实此次会议精神，不要只在会议上讲，而要用实际行动来达到此次活动的目的。

第三，我们要切实加强民主评议行风工作指导，落实责任。今年民主评议行风工作要坚持全县统一组织、纵横相结合、覆盖全行业的原则。评议工作首先要摸清行业行风的主要问题，这是解决问题、取得实效的前提；接着要把出现的问题和该部门的主要责任人结合起来，实现一把手责任制，谁管理、谁负责，把责任落实到个人。在解决问题的过程中，要坚持以人民群众满不满意作为衡量工作是否到位的标准，坚持为人民服务，把行风活动与加强部门党风廉政建设、行业管理紧密结合，不能就评议而评议，简单地搞检查、搞达标。

民主评议行风工作是一项长期且艰巨的任务，县级各部门要在本次评议工作中坚持实事求是的原则，对出现的问题要毫不隐瞒，并与地方政府协调配合，对整改情况进行检查和监督。

同志们，民主评议行风工作与人民群众的利益息息相关。群众利益无小事。希望各部门切实加强工作的紧迫性，全心协力，真抓实干，扎实搞好全年的民主评议行风工作，最终让群众满意、企业满意、上级满意、评议团满意、我们自己满意。

范文在线赏析二

【致辞人】××公司领导

【致辞背景】××公司民主评议行风动员大会

各级主管、各位员工：

此次××公司民主评议行风动员大会召开的主要目的是为了进一步加强企业精神文明建设。树立我公司的良好形象，为开展好此次活动打下良好的基础。此次会议要深入贯彻落实《关于开展××公司民主评议行风活动的通知》等有关文件精神，使民主评议行风活动取得预期的效果。在行风建设工作中，我们要认识到以下几点：

第一，民主评议行风工作对我公司的发展具有重要意义。紧紧依靠广大人民群众，充分发挥社会主义民主作风，让群众敢于向行业主管部门提意见，但又不搞群众运动，这是党中央、国务院提出的关于开展反腐败斗争的原则。民主评议行风实质是对部门行风实行群众监督。是检验部门工作是否让群众满意的唯一标准，是我公司抓好党风廉政建设、维护客户利益的重要工作，是企业自身不断追求卓越的必然要求。在今后的工作中，我们要继续端正服务态度，以满足客户的多元化要求为基础。完善行业作风建设，树立良好企业形象，打造优秀品牌。

第二，将民主评议行风各项工作落实到细处。首先，要统一思想，加强领导，层层动员，让每一位员工都参与到此项工作中来，营造"人人了解民主评议行风、人人参与民主评议行风、人人重视民主评议行风、人人接受民主评议行风"的良好氛围；其次，要协调好各部门之间的关系，保证民主评议行风各项工作均能分步骤、有计划地实施，每一阶段的工作都能够保质保量地完成；最后，各部门要认真做好自查、自纠工作，在服务方面要防止办事难、态度差的情况发生，要制订出相关的服务考核办法，严抓落实，加大检查力度,把责任落实到个人,做到奖罚分明。

第三,要正确处理好民主评议行风工作与业务发展的关系。我公司民主评议行风工作要与改善服务工作相结合。各部门要始终坚持"客户至上、诚信服务"的服务理念,要通过加强内部管理,提高办事效率,从而树立良好的企业形象。通过此次的民主评议行风活动,让我公司的服务工作制度化、规范化、标准化,开创民主评议行风活动和业务工作相互促进的新局面。

今年我公司民主评议行风工作任务重、责任大,因此,我们要不断加强工作力度,深入推进民主评议行风工作。我相信,在公司各部门的齐抓共管下,在广大员工的积极参与下,此次的民主评议行风工作一定会取得圆满成功。

谢谢大家!

第三章

欢迎、欢送致辞

　　欢迎辞是国家机关或单位在举行隆重庆典、大型集会、欢迎仪式或洗尘宴会上，领导对宾客的来临表示热烈欢迎而使用的致辞。通过致欢送辞，让宾客感觉到自己受到了热情礼遇，从中感受到言人的走遍，更好地促进双方的感情，增进双方的友谊和团结，增强活动的效果。

万能结构模板

《论语》开篇第一句就是："学而时习之，不亦说乎？有朋自远方来，不亦乐乎？"迎客之礼不可怠慢。古时，凡迎接贵宾尊友，自有一套讲究的礼仪，其中之一便是拿着扫帚替客人在前面扫地除尘。刘邦当了皇帝之后，他的父亲也将他视为"人主"，于是"高祖朝，太公拥彗，迎门却行。"现代迎客礼仪除却了诸如此般烦琐的程序，而以致欢迎辞替代。

欢迎辞是国家机关或单位在举行隆重庆典、大型集会、欢迎仪式或洗尘宴会上，领导对宾客的来临表示热烈欢迎而使用的致辞。欢迎辞是社交礼仪致辞的一种，使用较多，言辞热情，旨在对来宾表示欢迎和尊重，表达友好交往、增强交流与合作的心愿，营造和强化友好和谐的社交气氛。欢迎辞的语言要朴实、热情、简洁、平易，语气要亲切、诚恳，感情要真挚，宜多用短句，言辞应力求格调高雅。回顾以往的叙述要简洁，议论不要过多，力求精当；对主宾的赞颂和评价要热情而中肯，不要过分。可以有适当的联想与发挥。如遇来宾的意见、观点与主人不一致时，欢迎辞当坚持求同存异的原则，多谈一致性，不谈或少谈分歧，可恰当采用委婉语句、模糊语句，尽力营造友好和谐的气氛。

欢迎辞具有两个特点：

第三章 欢迎、欢送致辞

欢愉性

致欢迎辞当有一种愉快的心情，言词用语务必富有激情，表现出致辞人的真诚。只有这样，才可给客人一种"宾至如归"的感觉，为下一步各种活动的顺利举行打下好的基础。

口语性

欢迎辞是迎宾现场当面向宾客口头表达的。所以口语化是欢迎辞文字上的必然要求，在遣词用语上要运用生活化的语言，既简洁又富有生活的情趣。口语化会拉近主人同来宾的亲切关系。

欢迎辞的正文一般可由开头、中段和结尾三部分构成。

第一部分为开头

开头通常应说明现场举行的是何种仪式，发言者代表什么人、向哪些来宾表示欢迎。如：

"今天下午我们有机会与史密斯先生欢聚一堂，感到万分荣幸。史密斯先生已来我校多次，他是一位我们十分熟悉的师长和学界的前辈，他在文学理论方面的学术成就，在世界已久负盛名。这次，我们有幸再次请到史密斯先生来我校讲学，希望大家倍加珍惜这次机会。首先让我代表今天所有参加会议的人，向远道而来的贵宾表示热烈的欢迎和敬意。"

又如中共温州市委副书记陈艾华所作的《在全国普通高校招生改革研讨会上的致辞》的开头部分：

"在牛年即将过去，虎年就要到来之际，全国普通高校招生改革研讨会在我市隆重举行。我谨代表中共温州市人民政府。向国家教委领导和与会代表表示热烈的欢迎！"

第二部分为中段

欢迎辞在这一部分一般要阐述和回顾宾主双方在共同的领域所

持的共同的立场、观点、目标、原则等内容,较具体地介绍来宾在各方面的成就及在某些方面作出的突出贡献,同时要指出来宾本次到访或光临对增加宾主友谊及合作交流所具有的现实意义和历史意义。如《北京国际金融论坛宁波市副市长苏利冕致欢迎辞》的主体部分:

"北京国际金融论坛由北京市人民政府联合人民银行等金融监管部门以及联合国相关机构、相关国际组织共同主办,自成立之日起就具备前瞻性、权威性和学术的高水平性,得到了国际金融界和社会的广泛关注,产生了深远的影响,成为具有独特中国视角、推动全球金融界交流发展的平台。本次论坛在全球金融危机下,以中国经济可持续发展为主题,各位嘉宾的真知灼见是谋划国家和地方长远发展的桥梁和纽带。当前宁波处在转型发展的关键时期,我们正在按照科学发展观的要求。面对严峻的经济金融形势,积极主动,切实转变经济发展方式,以更大的力度、更快的步伐,向开放强市转变。北京国际金融论坛的品牌和资源,是宁波的契机,我们相信本次论坛的举办,必将促进宁波与北京金融界的交流,积极推动产业优化转型,提升宁波国际港口城市的竞争力和辐射力。"

第三部分为结尾

通常在结尾处再次向来宾表示欢迎,并表达自己对今后合作的良好祝愿。如《在全国普通高校招生改革研讨会上的致辞》的结尾部分:

"这次全国普通高校招生改革研讨会在我们温州召开,这是对我市教育改革和发展工作的一个很大的鞭策。我们要借这次会议的东风,认真学习兄弟地区的先进经验。我们也热忱地希望各位领导和同志们,对我市教育工作多加指导和帮助。最后,预祝会议圆满成功。"

而欢送辞是指客人应邀参加了活动,主人为表达对客人的欢送

第三章 欢迎、欢送致辞

之意,在一些会议或重大庆典活动、参观访问等结束时的致辞。欢送辞所欢送的对象有以下几种:或欢送访问成功将离去的来访宾客。或欢送学习或工作任务完成后将离去的学者、科研工作者,或欢送将去另一个地方、另一个单位工作而调离的同事,或欢送刚毕业将离校跨入社会的学生,或欢送出国留学、工作的亲人、朋友或同事等。欢送对象不同,欢送辞的用语和内容也有所不同。

欢送辞主要有以下几个特点:

第一是注重礼貌。中国是个礼仪之邦,欢送辞是出于礼仪的需要而使用的。所以,语言要讲究礼貌,称呼要用全称、尊称,姓名前要加上亲切的修饰性词语或头衔,以表示礼貌和尊敬。

第二是感情真挚。欢送辞的感情色彩应尽量浓重,应洋溢着由衷的、自然的情感。致辞中应尽量避免客套,应表达真情实感。

第三是篇幅短小。由于欢送仪式一般比较简短,所以欢送辞篇幅应该相对短小。

第四是语言生动、明快、口语化。欢送辞要表达真挚、热烈和亲切的感情,语言要求生动、明快。由于欢送辞的应用场合并非十分严肃,因此要求语言口语化。

欢送辞的作用,简而言之是通过致欢送辞,让宾客感觉到自己受到了热情礼遇,从中感受到主人的真诚,更好地促进双方的感情,增进双方的友谊和团结,增强活动的效果。

欢送辞的正文一般可由开头、中段和结尾三部分构成。

第一部分为开头

开头,直接表达欢送之情,有时也可对被欢送者表示祝福。如:"××××年中国(武汉)宠物博览会暨中国纯种犬俱乐部武汉站比赛即将结束,楚风狮苑对你们比赛的圆满成功表示热烈的祝贺。"

又如:"时间过得多么快啊!20天前我们大家曾高兴地在这个

礼堂集会，衷心欢迎史密斯教授。今天，在史密斯教授访问了我国的许多地方之后，我们再次欢聚一堂，感到特别亲切和愉快。史密斯教授将于明天回国。"

第二部分为中段

中段是欢送辞的主体部分。在这部分中，或对来宾访问成功和会谈成功表示祝贺与感谢，评价来宾访问与会谈的意义和影响；或回顾友好交往、合作的以往，评价被欢送者的工作、学习成绩和个人品格，表达惜别之情；或说明被欢送者所面临的新的工作、学习的意义等。如《致史密斯教授的欢送辞》的主体部分：

"史密斯教授是我们的一位老朋友。他非常熟悉我们各个方面的情况。他在我国逗留期间，仔细地考察了我们的政治、经济、文化和教育。

大家知道，我们的社会主义国家是非常年轻的，它脱胎于封建主义和资本主义影响根深蒂固的旧社会，尽管解放后我们做了巨大的努力去消除它，但是还有许多困难需要我们去克服，还有许多缺点亟待改正。

我们诚恳地希望史密斯教授给我们提出批评、指导的宝贵意见，以便我们改进工作。在向史密斯教授告别时，我们借此机会请求他转达我们对他的国家的人民的深厚友谊，还请他转达我们对他们的亲切问候和敬意。祝史密斯教授回国途中一路平安、身体健康。"

第三部分为结尾

在欢送辞的结尾处应向被欢送者表示诚挚的祝愿，并表达期待再次合作的心愿。亲朋远行尤其要表达希望早日团聚的惜别之情。如《在中师毕业生毕业典礼上的欢送辞》的结尾部分：

"这几天同学们忙着写毕业留言，字里行间流动着即将分别的缠绵。作为刚送走第一届学生的我，其心情又何止怅然若失呢？但我知道羽翼已经长好的小鸟是属于蓝天白云的，我深情地目送你们离去，我更盼着听到你们成功的喜讯。最后送大家两句诗：莫愁前路无知己，天下谁人不识君。"

欢迎上级考察致辞

范文在线赏析一

【致辞人】××学院领导

【致辞背景】××学院欢迎上级领导调研考察

各位领导、各位来宾：

上午好！

金秋十月，硕果累累。在这收获的季节里，我们满怀喜悦地迎来了诸位领导来我们学院调研考察。首先，请允许我代表学院全体师生对各位的到来表示热烈的欢迎！

我们学院是我省根据经济建设和发展的需要于××××年创办的学科齐全的技师学院，肩负着发展教育和经济的双重责任。

学院在上级领导及社会各界的关怀和帮助下，在全校师生的共同努力下，团结奋进，不断进取，取得了辉煌的成绩。学校下大力气对教学环境进行了改善，先后建设起多功能教学楼、培训基地、训练场地等，使学校的基础设施更完备，更有利于教学工作的展开。如今学院已经成为培养本省技师、高级技工的重要基地，已为社会输送了近1000名优秀的技工人才。正是因为取得的这些成绩，学校先后被授予省市"高级技工学院""十佳××学校""绿化先进集体"等荣誉称号。

去年是学校发展史上最关键的一年，我们通过与其他几所技工学校进行重组整合，扩大了招生规模，新增了三个校区，使我校跨入了国内一流技工学院的行列。借着学校发展的大好势头，我们再接再厉，制订了新的发展目标：在三年内再次扩大办学规模，学校级别也要再升一级，并与企业建立合作。成立技工教育集团，实现校企的共同发展。

我们学院的人才具有极强的动手能力。能够与企业有机地结合在一起，校企合作具有巨大的潜力和较高的经济效益。

最后，真诚地希望通过这次调研考察，各位领导能加深对我们学院的了解，也希望各位领导能再次光临我们学院，指导学院工作。

再次感谢各位的光临！谢谢大家！

范文在线赏析二

【致辞人】××县领导

【致辞背景】××县欢迎广东省领导考察团晚宴上

尊敬的各位领导：

晚上好！

在这美好的夜晚，首先让我们用热烈的掌声欢迎来我县考察的广东省考察团的各位领导！

我县位于湖南省南部，毗邻广东省，是两省重要的交通要道……（县情介绍）

我县属亚热带季风气候，气候宜人，自然资源十分丰富，作物种类多，产量大。境内盛产茶叶、油桐等经济作物，县内畜牧业也具有发展潜力，备受省领导重视。

广东省是我国区域经济发展的领先者。改革开放后，广东省通过不断优化产业结构，调整发展战略，促使经济以前所未有的速度向前发展，如今已成为地区经济中心。广东省大胆创新、开拓进取的精神值得我们学习，其成功的经验值得我们借鉴。在此，我代表县委、县政府以及全县父老乡亲对广东省考察团的到来再次表示欢迎！希望各位领导在我县考察的同时，能对我县下一步的发展提出意见和建议，并意识到我县巨大的发展潜力，实现双方在多个领域的合作，创造更美好的未来！

各位领导，我县的发展离不开上级领导的关心和支持，更离不开诸如广东省这样经济发达地区的支持。我们真诚地希望通过此次考察，能够实现我们在多个领域的长久合作。

最后，我提议，为了我们两地的发展进步，为了我们合作愉快，干杯！

欢迎上级领导检查工作致辞

范文在线赏析一

【致辞人】××县领导

【致辞背景】××县迎接上级领导检查教育工作大会

尊敬的××厅长、尊敬的各位教育专家：

大家好！

在这万物复苏的美好时节，我们非常高兴地迎来了上级领导和各位教育专家莅临我县检查工作。在此，我谨代表县委、县政府、县政协对各位领导和专家的到来表示热烈的欢迎和衷心的感谢！

我县是教育大县,有着重视教育的优良传统。多年来,县委、县政府高度重视教育发展,坚定不移地实施"科教兴国"战略,不断加大对教育事业的投入和支持,使我县逐渐成为教育强县。××××年我县被列为首批基础教育改革试验基地,并被省教育厅评为"教育先进单位",这些荣誉的取得是对我县一直以来重视教育的最好奖励。

现今社会,科技飞速发展,教育走科技化、信息化的新路子已经成为大势所趋。我县教育发展将信息技术融入进来。通过进一步加大财政投入,引进先进的信息化技术,使我县广大的中小学校享受到了优质的教育资源。教育的信息化一方面提高了我县各学校的教学质量,另一方面开阔了广大师生的视野与思路,使我县教育观念、教学方式等发生了根本性的转变。这一系列的改革和发展,为我县教育水平的进一步提高奠定了坚实的基础。

我县教育工作取得的进步离不开上级领导及教育主管部门的关怀和支持。今天,××厅长及各位教育专家来我县指导工作,既是对我县教育工作的一次全方位检阅,也是对我县继续狠抓教育工作的督促。我们将严格按照上级要求,狠抓教育工作,坚定不移地走"教育兴县,科技强县"的路子,推动我县教育工作再上一个台阶。

最后,让我们再次以热烈的掌声对尊敬的各位领导和教育专家的到来,表示热烈的欢迎和衷心的感谢!

范文在线赏析二

【致辞人】××区领导

【致辞背景】××区迎接人口老龄办检查组欢迎会

尊敬的老龄办的领导、专家们:

首先,我代表区委、区政府向此次亲临我区检查工作的各位领导、专家表示热烈的欢迎!

我们区是……(本区的情况介绍)。

如今的××区社会和谐，经济发达。××××年区内实现税收总额过×亿元，居民收入同比增长×%，人民生活富裕，安居乐业。

随着我国逐渐进入老龄化社会，老龄化问题日趋严重，我区将老龄人口工作作为区委、区政府工作的重点来抓。近几年，在上级领导的关怀和重视下，在社会各界的关心和支持下，在我区工作人员的不断努力下，区内老龄化工作体制逐渐成熟，制度逐渐完善，形成了社区服务化、居民互助化的工作体制，实现了老有所养，老有所依。因此我区受到了上级领导和各界群众的肯定，多次被评选为"老龄人口工作先进区"。

此次各位老龄办的领导及专家来我区进行工作检查，既是对我区老龄工作的大检阅，也是对我们今后工作的督促。希望各位领导及专家在检查我们工作的同时，也要对我们的工作进行批评指正。我们一定严格按照领导的要求，努力提高我们的工作水平，做好人口老龄化工作，建设和谐××区。

最后，我再次向各位领导和专家表示热烈欢迎，希望各位领导、专家在检查工作的同时，能够在我区度过几天欢乐的时光！

谢谢！

文化节欢迎辞

范文在线赏析

【致辞人】县领导

【致辞背景】 在首届嵊泗菜园渔民文化节的开幕式上致欢迎辞

尊敬的各位领导、兄弟姐妹们：

今天，我们欢聚在朝阳升起的地方，一起倾听赶海的鱼鼓，一起遥望茫茫沧海，一起感受海与我们共同期盼的欢乐气氛，我和大家一样感到十分欣慰和舒畅。首届嵊泗菜园渔民文化节在县委、县政府领导的关心、支持下，在县属各有关部门的大力配合下，在广大渔民群众的广泛参与下，即将隆重开幕了。在此，我谨代表县委、县政府对首届嵊泗菜园渔民文化节的举办表示最诚挚的祝福，向参与本届渔民文化节并付出辛勤工作的组委会、县属各部门、各单位的同志们和渔民兄弟姐妹们表示最衷心的感谢，并希望通过你们，向全县广大的渔民兄弟姐妹们表示最深切的问候。

渔民，一个朴实而具有代表性的名词，一个勤劳勇敢的群体，是你们用双手建设了美丽的嵊泗，是你们用智慧创造了源源不断的财富，是你们用辛勤的汗水灌溉了这片蓝色的土地，是你们用丰富的经历堆积了海洋文化。

"万里碧波千帆尽，乘风破浪戏鱼龙"是你们一生的写照和不平凡的人生历程；辽阔的大海是你们开创事业的舞台，而你们是这个舞台永远的主角，演奏了一曲曲粗犷有力的海洋文化旋律。让我们为嵊泗社会经济的腾飞起锚。起锚吧！

当前，随着渔业资源的不断衰退，"三渔"问题是县委、县政府亟待解决的重要问题。渔民群众的利益不容忽视，提高渔民收入和生活质量是我们义不容辞的任务。如何促使广大渔民转产转业，让渔民群众能够安居乐业，需要我们想尽一切办法加以引导和帮助。今天，我们在这里讴歌海洋，欢庆渔民的节日，是我们亲近海洋、感受渔民生活气息的体现，也是我们以新的方式、新的思路，发扬渔民闯海精神，做好做足"海"字文章，使渔民文化在广大渔村群众中遍地开花，向全社会展示渔民、渔村特有的文化风采的体现。同时以渔民文化节为载体，促使其成为地方旅游、商贸等领域的一大特色，推动休闲渔业的进一步发展，把海洋文化和经济做大、做强、做深，产生最大的社会效益。

新的时代需要新的动力，新的生活需要新的气象。让我们在县委、县政府的正确领导下，带领广大渔民群众，为全面建设现代化港口旅游城市而不懈努力！

书画节欢迎辞

范文在线赏析

【致辞人】县领导

【致辞背景】在农民书画节开幕式上致辞

各位领导、各位嘉宾、朋友们：

大家好！

近年来，在市委、市政府的正确领导下，××镇农村工作紧紧围绕农民增收这个中心任务，深化改革、扩大开放、开拓创新、加快发展，使××镇的经济持续、快速增长，农民收入连续几年以较大幅度递增，崇尚文明、富而思乐成为××镇农民的新追求。在各级党委、政府的关心和支持下，××镇农村的精神文化生活也在不断丰富，基础设施不断完善。

步入新世纪的××更加强烈地迸发出与时俱进的勇气和智慧，举镇上下呈现出开拓创新的宏大气象。为贯彻落实中共中央关于解决"三农"问题的有关精神，活跃农村文化生活，繁荣农村书画艺术，促进××书画院的形成与发展，由××市文化体育局、××市文学艺术界联合会、××镇人民政府联合主办，××市文化馆、××镇文化体育服务中心具体承办，××市书法协会、××市美术协会联合协办的××市首届农民书画节今天开幕了。

　　首届农民书画节得到了各级党委、政府和有关部门的高度重视和大力支持，基层文化工作者和基层群众对农民书画节表现出极大的热情，社会各方形成合力，文化参与和文化创造空前活跃，在更广泛的领域和更深入的层面充分调动了文化工作者的积极性，共同建设先进文化，进一步推动文化创新和文化繁荣。广大文艺工作者坚持"二为"方向和"双百"方针。深入生活，深入群众，在与广大人民群众的水乳交融中激发艺术灵感与冲动，创作了一批思想性艺术性统一、深受广大群众欢迎的、符合人民群众审美需求的优秀作品。

　　××镇政府将以此为契机，继续把繁荣发展文化事业作为文化工作的第一要务，积极实施精品战略，大力发展先进文化，支持健康有益文化，努力改造落后文化，坚持抵制腐朽文化；着眼于全市文化发展的前沿，不断推进文化工作的创新；牢牢把握先进文化的前进方向，大力弘扬和培育民族精神，发展面向现代化、面向世界和面向未来的、民族的、科学的、大众的社会主义文化，以不断丰富××镇农民群众的精神世界，增强××镇农民群众的精神力量。

　　最后，祝广大文艺工作者身体健康，祝我们的文化事业繁荣兴旺！谢谢人家！

开业欢迎辞

范文在线赏析一

【致辞人】××创业基地负责人
【致辞背景】××创业基地开业庆典

尊敬的各位领导、各位来宾，女士们、先生们，朋友们：

大家上午好！

值××创业基地开业之际，我谨代表××向出席本次活动的领导、嘉宾和所有朋友表示热烈的欢迎和衷心的感谢！

我们公司自成立以来，一直得到各部门领导和社会各界朋友的关心和支持。公司的壮大与发展及今天所取得的辉煌业绩。都离不开你们的帮助。在此，我代表公司同人向你们再次表示衷心的感谢！

为保证人才战略、品牌战略和科技产业化战略的实施，为回报社会，不断为社会提供人才，为给我区逐渐增多的国内外学术交流活动提供一个良好的平台，我们建立了这个创业基地。它的建立，使我公司的功能更加完善，更好地履行社会赋予我们的职责，承担更多的社会责任，为我区创造更多的经济效益和社会效益。

今天，我很高兴地看到创业基地顺利开业！在此，我再一次真诚地感谢为它付出辛勤汗水的各级领导和各界朋友！也真诚地期盼，在未来的日子里，你们能一如既往地关心和支持我们，帮助创业者不断取得成功，让我们共创辉煌未来！最后，我预祝创业基地开业庆典圆满成功，也衷心地祝愿它能够有一个灿烂的明天！

谢谢大家！

范文在线赏析二

【致辞人】××保险代理有限公司经理

【致辞背景】××保险代理有限公司开业庆典上

各位领导、各位嘉宾、各位朋友：

大家好！

今天是一个值得我们骄傲的日子，我市第一家保险代理有限公司正式开业。出席开业庆典的有市各保险公司的领导，市保险行业协会的领导以及工商、税务等政府有关部门的领导，还有为我公司的筹备给予大力支持的社会各界朋友。首先我代表公司向各位领导和朋友的光临表示衷心的感谢和热烈的欢迎！

××保险代理有限公司是由中国保险监督管理委员会于××××年×月×日批准成立的，经市工商局于××××年×月×日批准注册登记。它的成立，填补了我市长期以来没有专业保险代理机构的空白。我公司将以"用质量赢得信誉，用服务赢得未来"的宗旨，竭诚为广大客户服务，为我市保险业健康稳定的发展作出应有的贡献，为每一个家庭、每一个企业能够在保险的充分保障下安定地生活、稳健地发展作出我们的贡献。

我公司的成立离不开市政府各部门和各家保险公司的帮助，离不开社会各界朋友的支持。希望在座的领导和朋友们能继续给予我们关注和帮助。我们将把你们的关注当做我们的动力，努力进取，锐意创新，使我们公司的产品能够更好地得到客户的认可，让我们的服务惠及广大客户。在此，我代表公司的全体员工对给予我们帮助和支持的各位领导、各位朋友再次表示感谢！

最后，祝各位领导及朋友身体健康，工作顺利，家庭幸福，万事如意！

第三章 欢迎、欢送致辞

谢谢！

联欢会欢迎辞

范文在线赏析

【致辞人】某通讯集团峨眉山市分公司领导

【致辞背景】在第一季度互联互通联席会上致欢迎辞

尊敬的各位领导、各位来宾、朋友们：

上午好！

今天可谓是室内高朋满座花更艳，窗外红日高照天更蓝。在风和日丽、春意盎然的时候，我们有幸与来自远方的朋友们相聚在峨眉红珠山宾馆，感到非常高兴。×××分公司受省分公司的委托，十分荣幸地协办这次联席会。借此机会，我代表分公司全体员工，向尊敬的省通管局××局长、省通管局的其他人员，向移动、电信、联通、网通、可通的各位同行们，以及×××公司的同仁们，表示热烈的欢迎和诚挚的问候。

×××分公司与×××公司一起，经历了五年的发展。在各级政府和各位同行的大力支持下，在×××总部、×××公司的正确领导下，全体员工精诚团结、顽强拼搏、无私奉献。分公司从无到有，不断发展，取得了不错的经营业绩，客服工作赢得用户好评，在××××年全国通信行业服务质量评比中，被评为全国通信行业用户满意企业；在全国质量协会服务质量评比中，荣获全国用户满意企业称号；涌现出了全国通信行业劳动模范、服务明星、四川省劳动模范等一批优秀员工。在这里，我要感谢省通管局、市委市政府及相关部门，由于你们在宏观上给我们以指导，在政策上给我们以优惠，在困难时给我们以关怀，从而使我们把握住了发展的机遇，更使我们增强了信心和责任感。我还要感谢××地区的通信同行们，有了你们的支持和帮助，×××分公司才有发展、立足的根本。我们将继续以×××总部三年发展战略为统领，走有特色的发展之路，为分公司的发展作出不懈努力。为打造讲效益、创活力、促和谐的×××作出自己应有的贡献。

人无信不立，商无信不兴，国无信不强。构建和谐、有序、法制的市场经营环境，需要我们进一步加强互相沟通、互相交流、互相支持。我们坚信，只要我们携手并肩，团结一致，就一定能够克服发展道路上的一切困难，创造通信行业更加灿烂辉煌的明天。×××公司愿与各位同行一道，在上级主管部门的领导下，诚信经营、守法经营，共同维护和谐的市场环境。

春天的峨眉山，百鸟和鸣，山花烂漫，群猴腾跃，各种动物、植物给自然山水赋予动感，给人们以无穷的野趣和遐想。愿氡气温泉洗净你身心的疲惫，报国寺的钟声激发你对佛的向往，日出云海带给你对大自然的渴望，金顶祥光带给你美好祝愿，灵猴嬉戏使你心情愉悦，愿你在这里充分领略大自然的鬼斧神工、佛教文化的神圣悠远。

在会议期间，如有招待不周之处，请大家予以谅解。我们会在今后的工作中加以改进。

最后，预祝大会取得圆满成功！愿各位领导、各位来宾工作愉快，身体健康，万事如意！

谢谢大家！

第三章 欢迎、欢送致辞

奠基欢迎辞

范文在线赏析

【致辞人】××市政府领导
【致辞背景】××市政府办公楼奠基仪式

尊敬的各位领导、各位来宾,同志们、朋友们:

大家上午好!

云霞变幻耀金秋,溪水欢笑迎嘉宾。在今天这个喜庆的日子里,我们举行隆重的政府办公楼奠基仪式,热烈祝贺我们办公楼的开工建设。在此,我代表市委、市政府向参加本次仪式的各位领导、各位来宾表示热烈的欢迎,向关心帮助过我们办公楼建设的各有关单位表示衷心的感谢,向在筹备过程中付出汗水和心血的同志们表示亲切的问候!

××办公楼工程是市委、市政府××××年的一项重点工程。市委、市政府领导高度重视××办公楼的建设工作,多次听取工程项目情况汇报。市委书记××亲自投入到项目设计方案评审的工作中,经常过问项目的建设情况。并要求项目质量一定要过关。

××办会楼建设工程指挥部不辞辛苦、加班加点,已先后完成了此项目的地质勘探、施工图设计、施工临时道路建设、项目报建和审批等重要工作,已经具备了工程开工的一切条件。

万事俱备,只欠东风。今天举行的奠基仪式就是此项工程的"东风"。在此,我希望施工、监理、设计等单位本着对人民负责的态度，精心组织施工，确保工程保质、保量地完成；希望各有关部门主动做好协调工作，力争此项目早日竣工。

最后，预祝××办公楼工程建设顺利，祝各位领导、朋友万事如意！谢谢大家！

范文在线赏析二

【致辞人】××集团领导

【致辞背景】××集团××工程奠基仪式

尊敬的各位领导、各位来宾、各位朋友：

在这个春意盎然的季节，我们相聚在此，隆重举行××工程奠基仪式。首先，我谨代表我集团全体同仁，向莅临奠基仪式的各位领导、各位来宾、各位朋友致以热烈的欢迎和衷心的感谢！

我集团成立于××××年×月，×年来，在市委、市政府和区委、区政府的正确领导下，在市、区有关部门和社会各界朋友的鼎力支持下，我集团以"诚信、守信、扬信"为服务宗旨，把经济效益、社会效益和环境效益有机地统一起来，在行业内外先后获得了"××领先企业""××诚信单位"等诸多荣誉称号，共开发了总建筑面积达××万平方米的优质楼盘，为本地区的经济发展作出了巨大的贡献。

此次××工程的开工，是我集团发展史上的一个里程碑，是集团战略转型的重要标志。×年的奋斗历程让集团形成了"高起点、高标准、高品质"的优良作风。此次××工程，集团将吸取×年来的成功经验，力求打造一个集高档住宅区、购物、餐饮、休闲、文化娱乐等功能为一体的高级楼盘。预计本工程于××××年×月×日前竣工并投入运营。经初步预算，年营业额将达×亿多元，创税收××万元。

各位领导、各位来宾、名位朋友，我们的发展离不开各级领导的殷切关怀，也离不开各界朋友的大力支持。回首过去，我们豪情万丈；着眼未来，我们更是信心百倍。我们将以最快的速度、最高的品质、最完善的服务，把××工程建设好、管理好，为打造我们的和谐城市作出新的贡献！

谢谢大家！

欢送毕业生致辞

范文在线赏析

【致辞人】大学校长

【致辞背景】在大学生毕业典礼上

亲爱的毕业生同学们：

数年寒窗苦，莘莘学子情。忆往昔，峥嵘岁月，感慨万千；望未来，意气风发，前程似锦。时光荏苒，转眼间你们又要奔赴各地，满载着知识和收获，为了理想踏上新的漫漫征程。

同学们，无论你走到天涯海角，别忘记，母校是你们永远的港湾！所有的校友是彼此永远的朋友！

离开母校，希望同学们秉承母校薪火相传的精神，积极地去思考、去创造，去踏出未来旅程中每一步坚实的脚印，发扬光大"志存高远、自强不息、乐于奉献、团结奋进"的校园精神。踏出校园的你们，背负着社会的责任，凝结着母校和亲人的殷殷期盼，你们的每一次成功，都会使母校的荣光更加夺目灿烂。同学们，努力吧！为祖国的建设奉献青春，也为你们的人生构筑新的高度！

离开母校，希望同学们胸怀"正气"，更加领悟珍惜和感激。

在课堂上倾心讲述的老师，迷惘时互相鼓励的朋友，三年里共同成长的同学……这些人，这些事，曾为你们的心灵撑起一片晴朗的天空。迈入社会的大家庭后，希望同学们做传播爱与文明的使者，用你们的正义和善良谱写和谐社会的乐章。

离开母校，希望同学们昂扬志气，更加坚强和勇敢。志气是拼搏的决心和奋斗的勇气，志气意味着对目标的追求和对困难的征服。走出象牙塔的你们，正如一叶扁舟驶入大海，未知的航线、无情的风浪，也许会是横亘在前方的困难。但是，请你记住，唯有矢志不渝的决心、天生我材必有用的信念方能成就顽强的意志和坚强的品格，唯有顽强的意志和坚强的品格方能成就辉煌的人生。同学们，前方的道路也许曲折，但未来一定属于你们！

亲爱的毕业生同学们，在你们离校之际，我们真诚地欢迎大家为母校的发展建言献策。为母校的建设贡献一份力量。一朝师生情，终生缅于怀。在这个离别时分。相信同学们心中都有一种深深的眷恋和依依惜别之情，关于母校、关于老师、关于同学、关于朋友、关于自己的青春时光。这是一种无法替代的情感，也是一份永难磨灭的记忆。"群鸿飞四海，爱心留故园。""海阔凭鱼跃，天高任鸟飞。"在这离别时分，请同学们面带丰收的微笑，轻轻告别安详而宁静的校园，留下美好的回忆，踏上崭新的征程！

祝所有毕业生同学一帆风顺，鹏程万里！

第三章　欢迎、欢送致辞

欢送退伍军人致辞

范文在线赏析

【致辞人】××军队领导
【致辞背景】××××年老兵退伍仪式

亲爱的战友们：

你们好！

今天，全连的弟兄们相聚在一起，怀着依依不舍的心情，为又一批退伍的老战友送行。我代表××党支部和咱们连的弟兄们祝你们一路平安、前程似锦！

今天，你们就要离开生活了多年的连队了，往事一幕幕涌上了我的心头。我清楚地记得你们刚来部队的样子，那时的你们青涩、害羞，又对部队充满了好奇。你们通过新兵训练，不仅对部队有了深刻的认识，还明确了自己身上的重任。从此，你们的眼神中多了一份坚定。你们毅然决然地用稚嫩的双肩担自起保家卫国的重任。

部队的生活是艰苦的，更是枯燥的。你们为了锻炼体魄和意志，为了更好地履行保家卫国的责任，日复一日、年复一年地进行着艰苦的训练，从没叫过一声苦，喊过一声累。就这样，你们把最美好的青春献给了训练场、靶场，献给了一声声的喊杀，献给了嘹亮的"一、二、三、四"。

铁打的营盘流水的兵，今天，你们就要离开了，我们虽然不舍，但军人以服从命令为天职。今天，你们就要脱下这穿了多年的军装，但是这绿色早已成为你们皮肤的颜色，你们将永远穿着这片绿，为祖国的建设奉献自己的力量。我相信，不论你们走到哪里，不论你们在什么岗位上，你们一定会创造新的辉煌！

每一位即将离开部队的战友，希望你们在以后的生活中继续发扬我们军人的优良作风，用已经融入你们骨髓的军人特有的刚毅质朴、坚韧忠诚去开始新的征程吧！今天的退伍是你们明天成就新事业的开始，我们这些依然在绿色军营里坚守的人会默默地为你们祝福！祝你们一路顺风，事业有成！

范文在线赏析二

【致辞人】××军队领导

【致辞背景】老兵退伍仪式

亲爱的退伍老战士、同志们、战友们：

今天是你们最后一次穿上军装，端起钢枪。明天，你们就要光荣退伍了！你们就要离开这个挥洒过汗水和泪水的军营，我看到很多老兵已经留下了伤心的眼泪。我要对你们说：好男儿流血流汗不流泪，擦干你们的眼泪，踏上你们新的征程，创造属于你们的辉煌吧！

在这里，我首先要代表所有仍在军队服役的战士向你们致以崇高的敬意！向你们敬礼！

我现在还能想起你们初入部队时的情景，那时候的你们对军营是那么的好奇，每天斗志昂扬地投入到锻炼活动中去；那时候的你们怀揣着报效祖国的崇高理想，满怀着献身国防事业的热情；那时候的你们互相帮助、互相鼓励，结下了深厚的战友情。今天，已然习惯部队生活的你们就要离开了，但是，部队不会忘记你们，祖国不会忘记你们，人民不会忘记你们，你们的付出是为了祖国更加安定、强大，是为了人民更加幸福、安康。虽然你们的名字不为人们所知，但是你们有一个共同的、响亮的名字——中国人民解放军。

第三章 欢迎、欢送致辞

不论你们走到哪里,都不要忘记,自己曾经是一个兵,要时刻用军人的标准要求自己,始终保持革命军人的本色,继续发扬在部队的光荣传统和优良作风。

我的老战友们,你们的军旅生活就要画上圆满的句号。但你们的名字将永远留在我们这个英雄连队里。如果你们在今后的工作、生活中遇到挫折,一定要记得在遥远的地方还有一群人在关注着你们,一定要努力克服困难,创造更美好的未来。

最后,祝你们一帆风顺,万事如意!

欢迎新兵入伍致辞

范文在线赏析一

【致辞人】××市领导

【致辞背景】××市欢送新兵入伍大会

战士们:

今天是一个激动人心的日子,我市党政军领导和热心的群众在这里欢送我市第八批入伍新兵,请允许我代表市委、市政府对你们表示热烈的欢送!

我军正向着现代化、专业化的目标前进,而现代化军队的建设需要很多高素质的青年人,你们正是这样的人才,你们将给部队带来新鲜的血液,将成为部队发展建设的主力。

你们用实际行动践行着"报效祖国是每一个公民应尽的义务"这个理念,当你们穿上这一身橄榄绿,当你们手握钢枪,当你们身姿挺拔地站在保卫祖国的第一道防线上的时候，你们是光荣而神圣的；当你们为了祖国和人民的安危舍弃小家、献身国防的时候，你们是无私和高尚的。你们是父母的骄傲，是家庭的骄傲，是全市人民的骄傲，更是中华人民共和国的骄傲。从今天起，你们将进入一个更大的家庭，将在军营中锻炼你们的体魄、磨炼你们的意志。在这里，我代表全市人民向你们提出要求：希望你们从现在开始，就以一名军人的标准来要求自己，认真学习理论知识，刻苦钻研军事技术，争做一个有理想、有道德、有文化、有纪律的新时代合格军人，为祖国的国防现代化建设，发挥出你们的聪明才智！

亲爱的战友们，你们要牢记时代赋予你们的使命，肩负起保家卫国的责任，不要辜负党和人民对你们的期望。请你们放心，我们会照顾好你们的家人，让你们没有后顾之忧地投入到军事国防建设中去。我们会时刻关注你们的成长和进步，等待和你们一同分享成功的喜悦。

最后，预祝你们的军旅生活一切顺利，祝你们身体健康，万事如意！

范文在线赏析二

【致辞人】××县县长

【致辞背景】××县欢送新兵入伍仪式

同志们：

今天是一个值得高兴的日子，我们在这里为我县今年入伍的新战士举行隆重的欢送仪式。首先，我代表县领导和全县人民，向即将踏上保卫祖国征程的战士们表示热烈的祝贺！向全县的各位父老乡亲表示衷心的感谢，是你们为祖国培养出了这样优秀的接班人和保卫者！

适龄青年参军入伍、投身于保家卫国的事业是青年一代义不容辞的责任，也是国家法律赋予青年的神圣义务。参军的青年通过保卫祖国的神圣事业，能够实现自己最大的人生价值。家乡人民为你们的光荣选择感到无比的自豪。

战士们，今天你们就要离开养育你们的这片土地了，但是，请不要难过、悲伤，因为等待你们的是更加广阔的天地，是更加和睦的人民军队的大家庭。在你们临走之前，我代表全县人民对你们提出要求：中国人民解放军是一支纪律严明的军队，今天，你们成为人民解放军的一员，就要以军人的标准严格要求自己，努力提高自己的文化水平，不断学习军事方面的技能，努力让自己成为一名军事技术过硬、纪律严明、作风优良的新一代军人，圆满完成党和人民交给你们的任务，不辜负党和人民对你们的期望。

在这里，我代表县政府向每一位入伍新兵保证，我们将尽全力照顾好你们的亲人，你们就放心地投入到国防建设中去吧，你们在部队取得的成绩，就是对家人最大的安慰。我们全县人民将在后方努力发展经济，把家乡建设得更加富裕、繁荣，不辜负你们用血和汗为人民换来的安定和团结。

今天让我们为祖国的未来而努力，明天让我们一起为祖国的强大而欢呼！

最后，祝新战士们一帆风顺！我和家乡的父老们等着你们的好消息！

欢送访华人士致辞

范文在线赏析一

【致辞人】××省领导

【致辞背景】欢送国外访问团

尊敬的××国访问团团长、各位代表以及访问团全体成员：

经过20天的访问参观，××国访问团就要回国了。今天，我们召开隆重的欢送会，欢送此次来我省访问的朋友们。我谨代表省委、省政府及全省各界人士，向以××团长为首的××国访问团全体成员表示热烈的欢送，并通过你们向贵国人民表示亲切的问候！

××国访问团在访问期间为我省人民带来了精彩的文艺表演，不仅使我省人民受到了良好的艺术熏陶，还使我省人民了解到了××国的风土人情。从而加强了我省与××国的相互交流，对巩固两国关系也起到了积极的作用。在此，我谨代表全省人民向××国访问团的全体成员表示衷心的感谢！

我们也衷心地希望，××团长和访问团全体成员能够感受到我们的热情，并把我们对贵国人民的问候以及与贵国合作的愿望转达给贵国人民。此次访问加强了我们两国人民的相互了解，增进了两国人民的友谊，为我们将来的合作打下了良好的基础。

最后，让我们祝愿两国友谊之树常青！祝××国访问团一路顺风！谢谢大家！

范文在线赏析二

【致辞人】××市青年宫主任

【致辞背景】欢送××国××中学访问团晚宴

亲爱的××国××中学访问团的老师和同学们：

大家晚上好！

今晚是一个值得我们××青年宫和××国××中学访问团铭记的夜晚，是一个见证我们两国深厚友谊的夜晚，是一个充满感动和希望的夜晚。因为今晚是××国××中学访问团在我市度过的最后一个夜晚，明天上午他们将坐上归国的飞机，与我们分别了。在此，请允许我代表我市所有青年对你们表示热烈的欢送，并希望你们以后有机会再来我市访问、游玩。

××中学访问团的成员在我市访问期间，与我市青年共同参与了多项友谊竞赛活动，游览了本市的多处景点，出席了多次讨论会，这些活动促进了两国青年的相互了解，加深了两国青年之间的友谊，同时也有利于两国青年更好地了解两国不同的价值观念和文化传统，有利于巩固两国人民的友谊。

××中学访问团成员的一举一动，给我市青年留下了深刻的印象，改变了我市青年对××国青年的固有印象。在这里，请允许我对组织这次访问的××中学表示最诚挚的谢意，谢谢你们把××国最好的学生送到我市访问，大大开阔了我市青年的视野！

最后，让我们共同举杯，祝愿两国人民的友谊长存，祝愿××国××中学访问团一路顺风！

谢谢大家！

欢送前任领导致辞

范文在线赏析

【致辞人】市领导

【致辞背景】在前任领导欢送会上致欢送辞

同志们、朋友们：

大家好！

今天我们召开隆重的欢送会，欢送曾经与我们风雨同舟、共同奋斗，如今又奔赴新岗位开拓创业、勇谋发展的五位战友。在此。我代表××市党委、政府、人大及全市干部、全市人民，向曾经为××市发展、建设作出了无私贡献的五位战友表示热烈地欢迎！

借此机会我讲三句话：

首先，感谢。××市的发展变化凝聚了同志们的艰苦创业、辛勤耕耘，凝聚了以××书记为首的星城前任领导的深谋远虑、精心谋划。同志们卓有成效的工作创造了××市今天大好的发展局面，为××市的发展打下了良好的基础，使我们得以站在一个较高的起点谋求更大发展。××市的发展基础如此深厚，发展前景如此美好，与前任领导和同志们密不可分，我代表新一届党委班子表示诚挚感谢！

第二，表态。从前任手中接过建设更加美好、和谐××市大业，我深感责任重大。新一届党委班子也深感压力。我们将倍加珍惜来之不易的大好局面，继往开来，不负重托，以对市委、市政府，对全市人民高度负责的态度，精心谋划××市未来五年发展蓝图；着力推进××市项目建设，推进××市城市化进程；努力提高全市人民生活质量，开创××市经济社会全面繁荣的新局面。

第三，请求。从我们××市调出的五位战友，今后，我们虽然不能在同一个战壕里，但仍在一个战场上；虽然没有在××市这一片屋檐下，但仍在全省的同一片蓝天下工作。我衷心地请求：各位工作在全省不同领域的战友们能继续关心××市，支持××市，为××市的发展提出宝贵的意见、建议；来××市看看，来××市做客。你们的工作岗虽然不在××市，希望你们的心一直牵挂××市。××市永远是你们温馨的家，你们温暖的床，你们工作疲倦时歇息的港湾！

最后，祝同志们、朋友们工作顺利，身体健康，家庭幸福，万事如意！

欢送离职人员致辞

范文在线赏析

【致辞人】公司党委领导

【致辞背景】在员工欢送宴会上致欢送辞

同志们：

今天，我们欢聚一堂，隆重举行员工欢送宴会。首先，我代表公司党委向离职的同志表示热烈的祝贺！向你们在企业工作期间为企业所做的卓越贡献表示衷心的感谢！

多年来，你们在各自的岗位上，勤勤恳恳，任劳任怨，忘我工作，把自己的青春和力量无私地奉献给通信事业，把自己的工作热情和智慧奉献给了企业；你们顾大局，识大体，始终与企业同呼吸、共命运，风雨同舟，共渡难关；你们心系企业发展，自觉投身联通工程建设和业务发展上来，为企业发展献计献策。你们的业绩将永远铭记在企业的发展史上。对此，公司党委不会忘记你们，企业广大干部职工更不会忘记你们。让我们再一次以热烈的掌声向你们表示崇高的敬意和衷心的感谢！

同时，我也真诚地希望你们能够，把你们的好经验、好做法留给我们。也希望你们到新的工作岗位以后，尽快适应新的角色，投入到新的工作中去，为行业发展再立新功！

最后，祝愿你们在新的工作岗位上，工作顺利，前程似锦，万事如意！

谢谢大家！

第四章

开幕式、闭幕式致辞

开幕式致辞一定要努力创造出"转轴拨弦三两声,未成曲调先有情"的良好氛围,为活动的正式开始蓄势兴波。而闭幕式致辞既是对活动和会议基本内容的突出和强调,又是对活动和大会的总结。其作用主要是总结文体活动和会议的收获,要求继续推进活动,贯彻落实会议精神。

万能结构模板

开幕词也可以叫做开场白。何谓开场白？开场白就是活动、仪式或者会议正式开始前用来烘托气氛的致辞。它的作用是运用热情洋溢、喜庆的语言，向观众表明活动的主题，渲染温馨、热闹的气氛，激起欢乐的浪花，引领观众尽快进入状态。人们常说"良好的开端是成功的一半"，做为一个活动的前奏曲，开场白说得好，能使活动在一开始就紧紧吸引人的眼球，抓住人心。所以，开场白一定要努力创造出"转轴拨弦三两声，未成曲调先有情"的良好氛围，为活动的正式开始蓄势兴波。只要做到了这一点，一个活动就成功了一半。

著名作家孙犁在《好的语言和坏的语言》一文中把文章的内容形象地比喻为动人的"新娘"，把好的语言比喻为"花轿"。同样，一个活动也是一个美丽温婉的"新娘"，这个活动拨人心弦的台词就是"花轿"。这新娘出嫁，是该愁眉苦脸坐"牛车"还是欢天喜地坐"花轿"，想必此刻您心中已有了明确的答案！

闭幕词是党政机关、社会团体、企事业单位的领导人在文体活动闭幕或者会议闭幕时所作的总结性致辞。它既是对活动和会议基本内容的突出和强调，又是对活动和大会的总结。其作用主要是总结文体活动和会议的收获，要求继续推进活动，贯彻落实会议精神。因此，闭幕词要富有号召性；要充分运用文体活动参与人员和与会人员看到的和听到的活动方式、先进事迹和经验，进行深入分

第四章 开幕式、闭幕式致辞

析和总结，要求学习、推广，促进工作；要有较强的说服力、感召力。

开幕词和闭幕词都由首部、正文和结束语三部分组成，各部分的项目、内容如下：

第一，首部包括标题和称谓

标题一般由事由和文种构成，如《中国共产党第十二次全国人民代表大会开幕词》；有的采用复式标题，其中主标题揭示会议或活动的宗旨、中心内容，副标题与上述标题的构成形式相同，如《我们的文学应该站在世界的前列——中国作家协会第四次会员代表大会开幕词》；也有的由致辞人、事由和文种构成，具形式是《×××同志在×××会议上的闭幕词》。

称谓，一般根据会议或活动的性质及与会者的身份确定，如"同志们""各位代表、各位来宾""运动员同志们"等。

第二，正文包括开头、主体和结尾三部分

开幕词的开头部分一般开门见山地宣布会议或活动开幕，也可以对会议或活动的规模及与会者的身份等作简要介绍，如"参加这次大会的代表有×××人，其中有来自……"，并对会议或活动的召开及对与会人员表示祝贺。需要说明的是，开头部分即使只有一句话，也要单独列为一个自然段，将其与主体部分分开。闭幕词的开头要简要说明大会的经过，是否圆满完成了预定的任务。

开幕词的主体部分是开幕词的核心部分，通常包括三项内容：

（1）阐明会议或活动的意义，通过对以往工作情况的概括总结、对当前形势的分析，说明是在什么形势下，为了解决什么问题和达到什么目的举行的仪式或召开的会议、开展的活动；

（2）阐明会议或活动的指导思想，提出的大会任务，说明会议或活动主要议程和安排；

(3) 为保证会议或活动顺利举行，向与会者提出会议或活动的要求。

闭幕词的主体部分概述会议或活动的进行情况，恰当地评价会议或活动的收获、意义及影响。核心部分要写明：会议或活动通过的主要事项和基本精神、重要性和深远意义，向与会人员提出贯彻会议精神的基本要求等等。结尾对保证大会顺利进行的有关单位及服务人员表示感谢。一般说来，这几方面内容都不能少，而且顺序是基本不变的。致辞时要掌握会议情况，有针对性地对会议或活动内容予以阐述和肯定；同时，可以对会议或活动未能展开但已认识到的重要问题作出适当强调或补充。行文要热情洋溢，文章要简洁有力，起到激发斗志、增强信念的作用。如《第二届交通运输工程国际学术会议闭幕词》的主体部分：

"第二届交通运输工程国际学术会议经过一年多的筹备工作，在主办方和与会代表的共同努力下，现在已经顺利完成了全部议程。在这里，我代表会议组织委员会向各个国家和地区的作者表示衷心的感谢。他们的精彩演讲使与会者得到了很多启发。我相信这些演讲能够使来自国内外的知名专家学者互相交流研究成果，并对推动运输业能够更好更快的发展起到积极的作用。

很荣幸由西南交通大学交通运输学院来再次承办此次国际学术会议。本次会议共收到论文摘要1600多篇。经过几轮的审稿，最后来自海内外约740篇论文被会议录用发表。

本次会议是中国交通运输工程研究领域的一次高层次、高水平的大型国际学术会议。大会本着'高速、安全、环保、发展、创新'的宗旨展开热烈的讨论。议题涉及到交通运输规划与系统优化等12个研究领域的各个方面，是交通运输工程研究领域的一场盛宴，为各位专家和学者最新的研究成果和创新技术提供了一个展示的舞台。

本次会议促进了这一研究领域的学术交流。是新世纪国际交通运输工程领域的一次盛会,其意义和影响是极其深远的。本次会议在西南交通大学的胜利召开,对于推动中国交通运输行业的发展,促进中国的经济和社会发展将具有重要的意义。通过本届大会,大家面对面的沟通、交流和研讨,达到了相互学习与借鉴、促进合作与发展的目的,与会的专家学者对本次国际会议的学术水平和组织工作给予了充分的肯定。"

第三,结尾部分

开幕词的结束语一般是提出会议或活动的任务、要求和希望。要简短、有力,并要有号召性和鼓动性。写法上常以呼告语引领一段,如"预祝×××圆满成功"。闭幕词的结束语要宣布会议或活动结束,通常只有一句话:"现在,我宣布:×××大会闭幕。"

学校运动会开幕式、闭幕式致辞

范文在线赏析一

【致辞人】学校领导

【致辞背景】在学校运动会开幕式上致开幕词

裁判员、运动员、老师们、同学们:

大家好!

今天,人如海、旗如潮。首先,向大家致以由衷的问候!九月,生机勃勃、万紫千红,蓝天、白云、绿草、鲜花和红绿操场交相辉映。在崭新的塑胶田径场上,我校第二届学生田径运动会已经拉开序幕。这是一次体育的盛会,是我们同学和广大教师的重大节日。同时，我们也迎来了中华人民共和国××华诞。让我们尽情欢呼这一盛会的召开和祝愿我们的祖国繁荣昌盛。

通过一段时间的精心筹备，我们终于迎来了学校田径运动会举办的喜庆时刻。可以肯定，这是一个诗情画意的时刻，也是一个运动健儿大展风采的时刻，更是一个丰富学校光辉历史的时刻。在这里，我谨代表学校党支部和学校领导班子，向大家致以最诚挚的问候和良好的祝愿！

为了开好本届运动会，展示我校师生的精神面貌。全校教师群策群力，认真组织、协调好每项工作。在此，我代表学校向一直关心、支持我校工作的各位来宾和我们的同学、老师致以深深的谢意！

21世纪是知识的世纪，是技能的世纪，更是竞争的世纪。我们必须拥有良好的心理素质、优秀的人格素质、完善的体能素质。今天，我们在田径场上竞争；明天，我们要在世界舞台上亮相。今天，我们在田径场上拼搏；明天，我们将在世界大潮中冲浪。体育的精神体现了人类战胜极限的渴望，激发了人类与时俱进的潜能。它是我们努力学习的动力、战胜困难的决心、迎接成功的自信和拥抱明天的力量。我们要将"更快、更高、更强"的奥林匹克精神融入学校每一名师生的血液，使之成为我们不懈奋斗的力量。它将永远鼓舞我们每一个人的斗志。

我相信，老师们的工作一定会产生效果。我相信，通过这次运动会，同学们一定收获很多。让我们以饱满的激情、昂扬的斗志、勇于拼搏进取的信念、团结向上的精神，投入到本次运动会中去。赛出成绩，赛山水平，赛出风格！把本次运动会开成一个团结的盛会、拼搏的盛会，一个令全体学生难以忘记的、终生怀念的盛会。我们不在乎名次的前后、成绩如何，而在乎过程的体验。愿成绩与风格同在。友谊与欢乐并存。

祝愿全体与会人员在我校运动会期间身体健康、心情愉快。最后。预祝大会圆满成功。

谢谢大家！

范文在线赏析二

【致辞人】学校领导

【致辞背景】在学校运动会闭幕式上致词

各位领队、教练，全体裁判员、运动员：

经过三天紧张激烈的角逐，我校第十四届田径运动会在大家的热情参与和共同努力下，圆满完成了预定的各项赛程，就要落下帷幕了。我代表学校党委和行政部门向在本届运动会中取得优异成绩的代表队和运动员表示热烈的祝贺！向为筹备本届运动会付出辛勤劳动的组委会成员和积极参加本届运动会的全体运动员、教练员、裁判员，以及所有为本届运动会付出努力的老师、同学们表示衷心的感谢！

本届运动会是我校又一次成功的体育盛会，是对我校体育工作和师生综合素质的检阅。它充分反映了我校体育事业蓬勃发展、体育教学水平不断提高的良好态势。无论是精彩壮观的开幕式，还是运动员的顽强拼搏，还是 45 支啦啦队、3100 多名啦啦队员的呐喊助威，各代表队都组织有序，充分体现了我校师生团结奋进、精诚合作、勇于创新、勇攀高峰的精神风貌。

本届运动会共有 45 支代表队、1024 名运动员参与角逐，争夺并产生了 279 枚奖牌，其中有 2 名运动员刷新了县运会纪录；有 12 支代表队获道德风尚奖，15 支代表队被评为入场式先进单位，18 支代表队摘取了年级组前 6 名。让我们再次用热烈的掌声对他们表示诚挚的祝贺！这次体育运动大会是对我校师生的一次检验，全校师生在本次运动会上都表现出了较高的体育道德风范。今天的运动场上到处都洋溢着师生的欢声笑语。但在这背后，蕴涵着全体体育教师几几的辛勤汗水，他们为筹备这次运动会精心训练运动员，认真筹划体育场地，默默无闻地做了大量的工作；蕴涵着班任、科任教师的不懈努力，他们认真组织学生，精心布置队前装饰，为开好运动会，为使同学们度过一个难忘的运动会而绞尽脑汁；本次运动会更蕴涵着全体运动员顽强的意志、坚韧的品格，他们积极参与、出色发挥，努力为班级和学校增光添彩。

老师们、同学们，本届运动会就要圆满结束了，让我们以本届运动会为契机，继续贯彻执行《国家体育锻炼标准》和《学校体育工作条例》，增强师生员工积极参加体育锻炼、全面提高身体素质的自觉性，开创我校体育工作新局面。我们相信，本届运动健儿表现出的顽强拼搏、攀登高峰、催人奋进的精神将对我们的工作和学习起到积极的促进作用。全校师生员工在今后的工作和学习中，要强化教学中心地位，树立学生第一理念，在教学、管理、服务等方面保持和发扬运动会上表现出来的精神，为我校今后继续快速、健康地发展作出更大贡献！

下面我宣布：××学校第十四届田径运动会胜利闭幕！

文艺汇演开幕式、闭幕式致辞

范文在线赏析一

【致辞人】××中学校长

【致辞背景】××中学文艺汇演开幕式

各位老师、各位同学：

大家下午好！

今天，我校全体师生欢聚一堂，用青春的歌舞来纪念建校10周年。在此，我谨代表学校党支部、校务会向一年来在教育岗位上辛勤耕耘的老师们、刻苦学习的同学们致以节日的问候和诚挚的祝福！

今天是个好日子，是个欢乐的日子，是个值得全体××中学人铭记的日子。今天让我们一起回顾学校10年来走过的风雨历程，让我们一起分享学校10年来所取得的辉煌成就，让我们一起展望未来，描绘我们学校光芒万丈的美好前景！

此次演出不仅可以展示学校推行素质教育的丰硕成果。还给能歌善舞的同学们提供了展示自己特长的机会。今天，就让我们用最优美的歌声和舞姿、最饱满的热情为我校建校10周年，送上最真挚的祝福！我相信，即将开始的文艺表演一定精彩绝伦。在此，让我们以热烈的掌声预祝演出圆满成功！

最后，希望全体师生借此机会，振奋精神，不断进取，为创造我校更加辉煌的明天而努力奋斗！

谢谢大家！

范文在线赏析二

【致辞人】××省政府领导

【致辞背景】××省××奖文艺汇演闭幕式

各位来宾，同志们、朋友们：

大家下午好！

在欢快的歌声中。我省本次××奖文艺汇演就要落下帷幕了。在此，我谨代表省委、省政府向组织筹备此次文艺汇演的工作人员表示感谢，并向各位演出人员致以亲切的问候！

××奖文艺汇演是一次检阅和提升我省艺术从业人员水平的重要活动。自××××年我省确立建立文化艺术强省的发展目标以来，××奖文艺汇演已先后举办了11届，并取得了巨大成功。此次汇演，继承了前几届的优良传统，并增添了新的节目，最终圆满完成了汇演预定目标，推进了我省文化艺术工作的新发展。整场汇演气氛热烈，节目精彩纷呈。各位青年艺术家的演出非常精彩，让我们看到了其良好的精神风貌，也看到了我省文化艺术事业的进步。

此次汇演，共评出了"最佳创意奖""最佳表演奖""语言类节目优秀奖""歌舞类节目优秀奖"等近10个奖项，共有13名青年艺术家获奖。这些奖励是对青年艺术家的肯定，也是对其他同志争先争优的激励。

希望在今后的艺术创作中，各位青年艺术家能继续发扬这些优良传统，取得更大的进步，为推进我省文化艺术事业的发展贡献智慧和力量！

最后，祝大家工作愉快，身体健康！

我宣布，我省××奖文艺汇演胜利闭幕！

谢谢大家！

职工代表大会开幕式、闭幕式致辞

范文在线赏析一

【致辞人】××中学校长

【致辞背景】××中学第×届第×次职工代表大会开幕式

各位领导、各位代表：

大家好！

在学校工会的精心组织和辛勤筹备下，××中学第×届第×次

第四章　开幕式、闭幕式致辞

职工代表大会开幕了！首先，我谨代表校领导班子向这次大会的召开表示热烈的祝贺！

过去的一年，是我校取得跨越式发展的一年。全体教职员工求真务实，开拓进取，继续深化教育改革，取得了令人瞩目的成绩：学校管理日益完善，校风建设成效显著，教学工作又创佳绩。借此机会，我向在座的各位代表及辛勤工作的全体教职员工致以亲切的问候和衷心的感谢！

召开职工代表大会是我校统一思想、规范民主管理的大事，更是关系到我校未来发展的大事。通过本次大会的召开，我们要加强所有教职工的主人翁意识，促进决策的科学民主性，共同构建全面和谐的新校园。

本次会议是我们调整教学计划以来所举办的第一次职工代表大会。因此它具有特殊的意义。希望在会议上，我们的教师代表们能以饱满的热情、务实的态度，认真听取并审议每一项议题和提案，努力完成大会各项议程，为学校的发展贡献你们的智慧和力量！希望我们的所有教职工能以主人翁的责任心，认真工作，积极进取，共创我们学校的美好明天！

我坚信，通过大家的努力，本次大会一定会取得前所未有的成功。

最后，预祝大会取得圆满成功！

谢谢大家！

范文在线赏析二

【致辞人】××医院领导

【致辞背景】××医院第×次职工代表大会闭幕式

各位代表、各位同志：

大家下午好！

我们医院第×次职工代表大会在党支部和上级工会的关心下，

在工作人员辛勤的工作下,在广大代表的积极参与下,今天就要胜利闭幕了!我谨代表大会主席团向参加本次大会的全体代表和工作人员致以亲切的问候和诚挚的感谢!

本次会议共有60名各科室、各专业的职工代表出席。另外还有15名特邀代表,他们是为我院作出过特殊贡献的老专家和离退休干部。本次会议上,各位代表认真总结了医院的建设和发展经验,并就深化医院改革提出了许多可行的建议,这些都将对我院下一步的改革和发展起到促进作用。我们这次职代会的另一个收获便是完成了新一届工会领导班子的选举。工会是沟通党和群众的桥梁,希望在新的领导班子的有力带领下,我们的工会能认真履行职责,推动我院的民主管理建设。

几年来,我院的技术水平和业务能力显著提高,创造了良好的经济效益和社会效益。这些令人瞩目的成绩,离不开各位同志的辛勤工作和无私奉献。希望在今后的工作中,同志们再接再厉,为实现广大职工的共同利益,为创造我院新的辉煌而努力!

现在,我宣布××医院第×次职工代表大会闭幕!

谢谢大家!

竞技比赛开幕式、闭幕式致辞

范文在线赏析一

【致辞人】××市××局局长

【致辞背景】××市××系统乒乓球比赛开幕式

各位领导、各位来宾，同志们、朋友们：

在这天朗气清、秋兰飘香的日子里，我们迎来了我市××系统第5届乒乓球比赛。这是我们××系统广大干部职工又一次同场竞技、互相学习、增进友谊的盛会。在此，我代表市××局向出席今天比赛开幕式的各位领导、各位来宾、运动员及教练员表示热烈的欢迎，向这次比赛的赞助商及辛勤筹备比赛的工作人员表示衷心的感谢！

乒乓球作为我们的国球，有着广泛的群众基础。我们××系统的干部职工也非常喜爱这一运动。为了丰富广大干部职工的业余生活，我局设有乒乓球训练馆，并先后举办了4届乒乓球比赛，取得了良好的效果。此次举办的第5届比赛，将继续发扬前几次比赛的优良传统，进一步动员广大干部职工进行体育锻炼，投身到全民健身运动中来，从而以健康的体魄、积极的心态努力开展工作，为我市各项事业的发展贡献自己的力量。

朋友们，请你们记住，任何一项运动竞技都不仅仅为了分出胜负，它还包含着友谊、尊重和进取的精神。希望参加比赛的全体运动员通过比赛互相学习、增进友谊。全体裁判员要认真负责，保证比赛结果的客观、公平、公正、公开。工作人员要各负其责，维护比赛秩序，切实搞好服务工作，保证本次比赛的顺利进行。

最后，预祝本次比赛取得圆满成功！

谢谢大家！

范文在线赏析二

【致辞人】××学校校长

【致辞背景】××学校春季运动会闭幕式

各位裁判员、运动员，老师们、同学们：

大家上午好！

在校领导的正确指挥下，在广大师生的积极参与下，××××

年我校春季运动会顺利达到了预期目标,取得了不错的成绩。在本届春季运动会即将结束之际,我谨代表校委会向各位裁判员、运动员和广大师生表示热烈的祝贺!

本次运动会是一届成功的盛会,充分体现了"××"的主题。虽然运动会时间较短,只进行了两天半,但各项比赛有序进行,竞争极其激烈。本届运动会共有80名师生参加,他们进行了10个比赛项目的角逐,最终刷新了4项比赛纪录,充分展现了我校师生的风采。另外,本次比赛涌现出了3个优胜班集体,5个体育道德风尚先进班集体。在此,让我们以热烈的掌声对他们取得的成绩表示热烈的祝贺!

今天,我校此次春季运动会的所有项目都已进行完毕。在本次运动会上,全体裁判员认真负责,确保比赛公平、公正、公开;全体运动员斗志昂扬、顽强拼搏,为我们呈现了一场场精彩的比赛。比赛中,选手们的团结、互助也让人非常感动。希望这种精神能够在今后的教学工作与学校其他活动中得到大力发扬!

生命在于运动。希望通过本次春季运动会。能加强广大师生对于运动与健康的认识,让你们的人生始终与健康相伴!最后,我代表组委会向参加这次运动会的全体裁判员、运动员、老师们、同学们表示崇高的敬意和衷心的感谢!

现在,我宣布,××学校××××年春季运动会胜利闭幕!

第四章　开幕式、闭幕式致辞

论坛开幕式、闭幕式致辞

范文在线赏析一

【致辞人】×高校校长

【致辞背景】×高校研究生学术论坛开幕式

各位领导，各位老师、同学：

大家上午好！

这里是我校第三届研究生学术论坛开幕式的现场。首先，我谨对积极参加本次论坛的各位领导、专家表示热烈的欢迎和衷心的感谢！

这是我校第三次举办研究生学术论坛了，前两次的论坛非常成功，对研究生教学工作及研究生学风建设起到了很大的促进作用。短短数年时间，我校的研究生论坛开创了更成熟、更规范的新局面，使我校研究生的学术水平得到了极大提高。此次，我们在继承前两届研究生论坛优秀成果的基础上，将继续对研究生的教学工作进行探讨。

未来的学术研究是以研究生为中坚力量的，所以培养研究生的学术研究能力至关重要。在新的形势下，我们要努力提高研究生的专业知识素养以及处理各种问题的能力，全面提升研究生的综合素质。

老师们，希望你们在进行研究生教学的同时，努力增强自身的知识积累，提升自己的专业能力，努力为我校培养更多优秀的学术研究人才！同学们，希望你们不辜负祖国重托，努力成为有修养、有知识、有能力的学术接班人。希望全体师生共同努力，为把我校建设成为具有鲜明特色的国内知名大学而奋斗！

最后，预祝本次论坛取得圆满成功！

谢谢大家！

范文在线赏析二

【致辞人】××市市长

【致辞背景】××××年××省企业家暑期论坛闭幕式

尊敬的各位领导、各位来宾，女士们、先生们、朋友们：

大家下午好！

××××年××省企业家暑期论坛，在各位领导、专家愉快而热烈的讨论声中，就要落下帷幕了！在此。我代表中共××市委、市政府热烈祝贺本次论坛圆满成功，并向参加本次论坛的各位领导、专家和企业家表示衷心的感谢！

本次论坛主要就中国发展的内部及外部环境，国家新的发展战略，增强企业自主创新能力、核心竞争力等热点问题进行了深入的讨论。在论坛上大家各抒己见，共话发展，为实现共赢、加快发展建言献策。论坛中很多声音观点新颖、内容丰富、实践性强，对未来的发展具有很强的指导意义。这次论坛将极大地推动我市经济社会又好又快地发展，同时也为来自全国各地的多家企业搭建了合作交流的平台。

最后，祝各位领导、各位来宾身体健康，万事如意，也真诚地欢迎企业家们来我市投资、观光。让我们携手并肩，精诚合作，共同创造更加美好的明天！

我宣布，××××年××省企业家暑期论坛闭幕！

谢谢大家！

第四章 开幕式、闭幕式致辞

文化开幕式、闭幕式致辞

范文在线赏析一

【致辞人】××市市长
【致辞背景】××市第×届茶文化节开幕式

尊敬的各位领导、各位来宾,女士们、先生们:

大家好!

又是一个春茶飘香的季节。今天,备受人们关注的我市第×届"×××"茶文化节在市委、市政府的高度重视下,在各市县、各部门和社会各界的大力支持下隆重开幕。在此,我谨代表市委、市政府和全市人民向莅临本次盛会的各级领导和各位嘉宾,表示热烈的欢迎和衷心的感谢!

茶文化是中华传统文化的组成部分,其内容十分丰富,涉及科技教育、文化艺术、医疗保健等各个行业。在人们越来越重视健康生活方式的今天,绿色、天然、健康的茶被越来越多的人喜爱,随之而兴起的是形式多样的茶产业。将茶文化与茶产业相结合,形成两者的良性互动,将成为社会主义经济、文化建设的新亮点。

我市生态环境良好,种茶历史悠久,茶文化源远流长。举办此次茶文化节,对于我市进一步宣传茶文化,推介茶资源有着良好的促进作用,对树立我市绿色、休闲的生态家园形象,扩大×茶在全省乃至全国的知名度有着重要的意义。

茶文化节展示的是形象,彰显的是魅力,传承的是文化,昭示的是希望。通过此次茶文化节，我们将向世界展示开放、诚信、和谐的城市形象；奉献给大家生动、精彩的茶文化盛宴。让我们以茶为媒，让更多的朋友来我市投资兴业，携手共创美好的明天！

最后，我预祝此次茶文化节取得圆满成功，祝各位嘉宾身体健康，万事如意！

谢谢大家！

范文在线赏析二

【致辞人】××县领导

【致辞背景】××县首届手工艺文化节闭幕式

尊敬的各位来宾，朋友们：

大家晚上好！

此刻，我们欢聚一堂，隆重举行我县首届手工艺文化节闭幕式。首先，我代表县委、县政府向辛勤组织本届文化节的各位同志，向为我们展示了精彩手工艺表演的农民艺术家们表示衷心的感谢和亲切的问候！

我县历史文化悠久，留有许多宝贵的非物质文化遗产，手工艺制造技术便是其中的一项。随着市场经济的发展，区域交流的加强，我县手工艺制品已开始逐步走向市场，并受到人们的喜爱。为弘扬我县传统文化，开拓手工艺品市场，我们举办了首届手工艺文化节。

首届手工艺文化节历时 4 天，参与人数突破 200 人。为我县今后的手工艺文化节的举办开了个好头。文化节上展出的手工艺品包括剪纸、柳条编织、面团制作等，农民艺术家们精彩的手工艺制作表演，吸引了众多游客前来参观，充分展示了我县手工艺品制作的独特魅力。另外，文化节上还举行了具有浓郁地方特色的歌舞表演，既展示了我县人民的风采。又加强了我们与各参会地区的交流，会上已有多家企业及收藏馆向我们表达了合作的意愿。县委、

第四章　开幕式、闭幕式致辞

县政府也将提供更加便利的条件。为推动我县"传统文化走出去，先进文化引进来"的发展目标而努力。

同志们，朋友们，在热情的歌舞声中，我县首届手工艺文化节就要落下帷幕了。感谢各位来宾和朋友们的光临，也希望各位以后能继续关注我县的手工艺文化，关注我县的经济发展。

最后，再次祝愿各位来宾、朋友，身体健康，万事如意！我宣布我县首届手工艺文化节胜利闭幕！

谢谢大家！

研讨会开幕式、闭幕式致辞

范文在线赏析一

【致辞人】××省政府领导

【致辞背景】××省××企业成立50周年研讨会开幕式

女士们、先生们，朋友们：

大家上午好！

非常感谢大家在百忙之中抽出时间参加××企业成立50周年研讨会的开幕式。首先，我代表省委、省政府对本次研讨会的召开表示热烈的祝贺，并对出席本次研讨会的各界人士表示热烈的欢迎！

××企业是我省工业经济的中流砥柱，在带动和促进全省经济发展中有着举足轻重的地位。改革开放后，××企业针对经济发展的新形势，及时调整发展战略，重视发展高新技术，先后成立了科研和实验基地，使企业紧跟时代步伐，在短短十几年内建设成为集经济效益和社会效益为一体的优秀企业。

在庆祝××企业成立50周年之际,我们举办了这次研讨会,这是非常有必要的。研讨会上,各界人士将分别就当前的宏观经济形势、企业发展模式及未来的发展规划等进行讨论和交流,为××企业未来的发展及推动我省经济社会的进一步发展建言献策。

组织这次研讨会,有助于扩大××企业的社会影响力,拓宽××企业的合作范围。这次研讨会也是谋求我省经济发展的好机会,希望各位企业领导人、科研专家及企业一线的基层员工们能够积极讨论,互相交流、学习,为××企业的发展、全省经济的进步贡献自己的力量。

现在,我宣布××省××企业成立50周年研讨会开幕!

谢谢大家!

范文在线赏析二

【致辞人】××通信系统××研讨会执委会主任

【致辞背景】××××年××通信系统××研讨会闭幕式

各位领导、各位专家,朋友们:

大家好!

阳春三月,草长莺飞。在这生机盎然的三月,我们在美丽的××举办了今年××通信系统××研讨会。本次为期3天的研讨会共有来自通信界各科研设计、生产、销售等数十家单位的400多名专家,他们进行了深入的探讨、交流,取得了丰硕的成果。

近年来,我国通信事业迅猛发展,综合化、宽带化和数字化建设使通信水平得到了极大的提高,既方便了居民生活,也为经济社会的发展提供了强大的通信保障。面对人民群众更多样的需求,面对层出不穷的高科技产品,通信事业该如何取得进一步的发展,如何紧跟社会的需求,是我们当前要思考的问题。

本次通信研讨会获得了巨大的成功。在研讨过程中涌现出许多有创意的点子,可以将其很好地运用于今后通信事业的发展中。例如,通信事业的系统节能、新的通信业务标准、监控管理的集中化等都是值得肯定和借鉴的。

最后，感谢本次研讨会的赞助商××商家，感谢所有通信界运营商和厂家的大力支持，感谢所有朋友的积极参与！

朋友们，虽然我们相聚本次研讨会只有短暂的3天，但是我相信我们的友谊是长久的，我们的收获是巨大的，研讨会的影响是深远的。祝朋友们一路平安，我们相约明年再见！

我宣布，××××年××通信系统××研讨会闭幕！

谢谢大家！

学术会议开幕式、闭幕式致辞

范文在线赏析一

【致辞人】中华医学会泌尿外科学分会主任委员那彦群

【致辞背景】××××年第××届全国泌尿外科学术会议开幕式上

尊敬的各位领导、各位同仁：

大家早上好！

××××年第××届全国泌尿外科学术大会在经历了特大地震创痛的美丽而坚强的成都如期召开了。我代表中华医学会泌尿外科学分会热烈欢迎海内外专家在百忙中出席本次会议！热烈祝贺年会召开！

各位代表，在举国欢庆中华人民共和国成立××周年之际，回顾新中国泌尿外科事业的发展历程，我们无比幸福和自豪。××年前中国泌尿外科事业从无到有，改革开放××年以来，中国泌尿外科事业从小到大、从弱到强，至今已经发展成为临床医学的一门重要学科。

在我们庆祝取得胜利成果的时候，我们不能忘记，以吴阶平院士为代表的新中国泌尿外科事业的奠基者们对推动中国泌尿外科事业的发展所作出的重要贡献；我们不能忘记，××年来，在开拓我国腔道泌尿外科、男科学、肿瘤、结石、尿控和肾移植等领域新局面中的中坚力量；我们更不能忘记，临床一线广大泌尿外科同仁们默默无闻的奉献！借此机会，我代表中华医学会泌尿外科学分会向各位前辈和全国同仁们表示崇高的敬意和衷心的感谢！

中华医学会泌尿外科学分会是一支特别团结、特别能工作的团队，五年来在推动学会规范化管理、制订疾病诊疗指南、打造继续教育体系、促进国际化进程方面做了大量卓有成效的工作。希望大家团结在 CUA（中华医学会泌尿外科学分会）的旗帜下，继续奋斗，再创辉煌。

感谢全国同人们和来自国外专家对第 16 届年会的参与和支持！

感谢四川省泌尿外科学会对会议筹备付出的努力和贡献！

感谢各企业对会议的大力支持！

祝大会圆满成功！

范文在线赏析二

【致辞人】中国科技期刊学会副理事长

【致辞背景】在中国科学技术期刊编辑学会五×届×次理事会暨优秀论文奖颁奖大会及学术报告会上致闭幕词

各位理事、各位代表：

大家好！

经过三天紧张的会议，我们完成了预定的三项议程。首先是对我们科技期刊编辑队伍中成绩突出的编辑工作者进行了表彰，分别颁发了"金牛奖""银牛奖"，还颁发了优秀论文奖；其二，我们认真总结了××××年学会的工作；部署了新一年的任务；其三，听取了有关我国科技期刊发展重要问题的学术报告并进行了大会学术交流。至此，我们的会议已取得圆满成功。

"金牛奖""银牛奖"评选表彰，是我们学会的一大特色。是为了表彰那些在科技期刊编辑工作岗位上，长期辛勤耕耘、艰苦奋斗、开拓进取、乐于奉献并作出优异成绩的中、老年编辑而设立的。我们应向这些同志学习，并将他们的精神发扬光大。

姚希彤秘书长代表学会所作的××××年工作总结是全面深入和实事求是的总结。一年来，学会积极开展各种学术活动和编辑队伍的培训，以及其他大量工作，为广大会员和科技期刊编辑搭建了学术交流平台，有力地推进了科技期刊的改革与发展，促进了科技期刊编辑人员的成长。

一年来，学会工作能取得这样的成绩是与广大单位会员和科技期刊编辑工作者的大力支持分不开的，也是与以丁乃刚理事长为首的学会领导班子准确把握政策、开拓创新、果断决策并狠抓落实和无私奉献分不开的。李家林副秘书长在身患严重疾病的情况下，情系学会，还在组织青年编辑学术会议和青年编辑优秀论文评选工作，他这种忘我奉献的精神值得我们学习。这里还要特别提出的是，学会的成绩也是和学会有一支高效、精干的学会办事机构分不开的。他们人手少、工作量大，在姚希彤秘书长带领下，经常超负荷工作，尽职尽责，务实高效，无怨无悔。他们的工作得到了学会领导和广大会员的好评。

总之，学会成立多年来，××××年是组织活动最多、最有成效的一年，也是最充满生机和活力的一年，从而大大提高了学会的影响力，增强了学会的凝聚力。

同志们，新的一年即将到来，这将是不平凡的一年，在我们科技期刊领域，我们将努力创新内容、创新形式、创新手段，办高质量精品期刊，推动我国现代化事业向前迈进，为构建社会主义和谐社会而努力奋斗。

现在我宣布：中国科技期刊编辑学会×届×次理事会暨"金牛奖""银牛奖"、优秀论文奖颁奖大会及学术报告会闭幕。

祝同志们新年快乐，事业顺利，身体健康，全家幸福！

洽谈会开幕式、闭幕式致辞

范文在线赏析一

【致辞人】 省领导

【致辞背景】 在某省国际技术合作和出口商品洽谈会开幕式上致开幕词

女士们、先生们：

大家好！

值此××省国际经济合作和出口商品洽谈会开幕之际，我代表××省人民政府、××市人民政府、××省对外贸易总公司，向远道而来的各国来宾、港澳同胞、海外侨胞表示热烈的欢迎和良好的问候！

××××年××月××日，在庆祝××对外贸易中心落成典礼时，我们曾在这里举办过一次洽谈会。今年这次洽谈会，规模和内容比上一次洽谈会更加广泛和丰富。这次洽谈会，将进一步扩大我省同世界各国及我国港澳地区的经济技术合作和贸易往来，增进相互了解和友谊。

××省是我国经济比较发达的省份之一，幅员辽阔，物产丰富，人力资源充足，工农业生产和港口、交通均有一定的基础，对外经贸事业的发展有着广阔的前景。目前，我省已同世界上×××多个国家和地区建立了贸易往来和经济技术合作关系，这种合作关系正在日益巩固和发展。

本次洽谈会，我们将提出×××多种对外经济合作项目，包括

第四章　开幕式、闭幕式致辞

轻工、纺织、机械、电子、化工、冶金、建材、水产及食品加工等，供各位来宾选择；所展出的商品不少是我省的名牌产品和新发展的出口产品。欢迎各位来宾洽谈，凭样订货。

今天在座的各位来宾中，有许多是我们的老朋友，我们之间有着良好的合作关系。对于你们的真诚合作，我们表示由衷的赞赏和感谢。同时，我们也热情欢迎来自各国各地区的新朋友，我们为有幸结识这些新朋友感到十分高兴。我们欢迎老朋友和新朋友到××观光游览，发展相互间的友好合作关系。

最后，预祝××省国际技术合作和出口商品洽谈会圆满成功。

谢谢！

范文在线赏析二

【致辞人】××信息职业技术学院院长

【致辞背景】在××信息产业职业教育集团首届产品（项目）展示洽谈会闭幕式上致闭幕词

各位来宾，女士们、先生们：

大家好！

由××信息产业职业教育集团举办的首届产品（项目）展示洽谈会，经过议定程序，就要结束了。

参加这次会议的有××家信息类高职学院与研究院所、生产企业的×××余名专家、技术人员，共有×××件产品（项目）到会展示，并进行了成果转让与交易。大会期间，共有××个合作项目正式签约，还进行了产品推介、成果转让与交易、技术成果交易洽谈等多项活动，签订了产品（项目）合作意向书××份，涉及到××个产品（项目），初步形成了信息产业项目链和产品链。

通过这次活动，我们搭建了职业院校和企业团结协作、公平竞争、互利互惠、共同发展的平台。通过这一平台，让企业与学院、企业与企业、学院与学院面对面接触，企业了解了学院的办学成果，学院了解了企业的人才需求，为进一步推进××信息产业职业教育集团的稳步、务实、健康发展奠定了良好的基础。

今后，我们将以此次会议为契机，进一步通过相互沟通和友好交流及实质性的成功合作，实现资源共享，达到企校双赢，从更高层次上推动校企合作、工学结合，探索新形势下职业教育的办学模式，真正实现职业教育服务于社会、服务于地方经济的办学宗旨。

同时，我们将本着实事求是、讲求实效、互利互惠、自愿参加的原则，依托××省信息产业行业，组建和运营好××信息产业职业教育集团，实现资源共享、信息共享和成果共享，提高整个集团的办学质量和行业效益，促进××职业教育、信息行业企业和职业院校自身的发展，为信息产业行业培养适应生产、建设、管理和服务第一线需要的信息技术高级应用型人才。××信息产业职业教育集团将在××月份举行挂牌仪式，届时，诚挚邀请和热忱欢迎各位再次光临指导！最后，我向所有参加本次活动的人员表示衷心的感谢，向大会的全体工作人员表示真诚的谢意！

第五章

节日致辞

如果日子是一座花园,节日就是绽放于绿叶间的朵朵鲜花;如果日子是一片暗蓝的夜空,节日就是一颗颗闪亮的星。领导干部的节日致辞旨在在节日中,烘托热烈的气氛,对参会人员致以节日祝福,在总结以往取得的成就上,争取取得更大的成变。

万能结构模板

领导干部的节日致辞是礼仪致辞的一种，旨在在节日中，烘托热烈的气氛，对与会人员致以节日祝福；总结以往取得的成就，继往开来，鼓舞、激励员工或群众，在接下来的时间里努力奋斗，争取取得更大的成绩。节日致辞情感应热烈、激昂，语言要真挚、诚恳。在致辞中，应结合实际情况总结上一个工作周期取得的成就，并对未来作出规划，最后表达出殷切的期望。整个致辞过程应将喜庆的情感贯穿始终。

节日致辞的正文可分为开头、中段和结尾三部分。

第一部分为开头

开头通常应说明庆祝的节日名称以及表达对与会人员的节日问候和祝福。如："新年钟声在耳，新春佳节又至。我们怀着喜庆的心情在此欢聚一堂，辞旧迎新，共贺佳节，备感亲切。我谨代表公司领导和医院全体领导班子成员向仍然坚持在一线忙碌工作的同志们，向全院职工以及热爱、支持我们事业的职工家属们致以亲切的问候！祝大家新春快乐、身体健康、合家幸福、万事如意。"

第二部分为中段

中段的内容一般为总结以往的工作成就，表扬广大群众、员工的优秀表现，分析在新的时期出现的新情况、新问题，继往开来，鼓励大家在新的目标和条件下，将工作做好。

第三部分为结尾

结尾应再次表达对参会人员的节日问候和祝福。并以坚定的信心向大家致以殷切的期望。例如：

"我相信，在党中央、国务院和教育部及省市的领导下，在学校党委、行政的统一指挥下，全校师生员工一定会以高昂的斗志、饱满的工作热情和严谨的工作态度，知难而上，全力以赴，打赢学校反××斗争的硬仗，为最终战胜这场严重的灾害作出我们财经大学人应有的贡献。

最后，我代表学校，再次向全体干部、教师、员工和同学们问好，祝大家节日愉快，身体健康，工作、学习顺利！"

元旦致辞

范文在线赏析

【致辞人】市长

【致辞背景】在新年对全市人民致以节日问候

市民们、同志们、朋友们：

再过几个小时，人类历史即将翻开激动人心的崭新一页，我们将迎来新的一年，我们所有的人都满怀着喜悦和兴奋，等待着这一时刻的到来。

在这辞旧迎新的美好时刻，在春天的脚步即将来到的时候。我谨代表中共××市委、××市人民政府,向全市人民,向所有关心和支持我市改革开放和现代化建设事业的各界朋友,向此时此刻仍然在工作岗位上履行职责、辛勤工作的同志们,致以亲切的问候和新年的祝福!

此刻,回首百年沧桑,我们感慨万千、浮想联翩。中国人民历尽艰辛,在中国共产党的领导下实现了中国历史上空前的伟大变革。

伴随着共和国××年前进的脚步,××这块古老文明的土地焕发了勃勃生机,发生了翻天覆地的变化。我们生活在××的每一个人都切身感觉到了这种变化,它使我们的生活更加美好、更具活力,也使我们对未来更加充满信心。

即将过去的一年是××历史上发展比较快的一年。全市综合经济实力进一步增强,各种特色产业蓬勃兴起,改革开放取得了更大进展,人民生活继续得到改善。我们以良好的成绩,为××××年的××市画上了一个圆满的句号。

历史是人民创造的。××××万××人民是这块土地的主人,无论是××市长远的过去所创造的灿烂的文化和悠久的历史,还是最近几十年来经济建设所取得的辉煌成就,无论是××期间经济和社会的全面进步,还是即将过去的一年我们各项事业重大的突破性的发展,这一切,都归功于我们勤劳、朴实、正直、刻苦的××人民。作为市长,我为此而感到骄傲和自豪。我坚信,无论是过去、现在还是将来,任何困难都不能阻挡住我们××人民追求幸福生活、实现美好理想、迈向现代化宏伟目标的坚实步伐。

旧的一年马上就要过去了,新的一年马上就要来到了。过去我们曾经取得了辉煌的成就。但是我们没有任何理由放松自己,没有任何理由骄傲自满,没有任何理由让自己有一丝一毫的松懈。明年,我们要坚持以经济建设为中心。着力改善投资环境,千方百计地增加城乡居民收入。尽管我们前进的道路上还会有许多曲折坎坷。尽管我们还会遇到许多意想不到的困难和问题，但是在滚滚发展的历史洪流面前，我们只有不屈不挠地奋勇拼搏，××才有新的希望，才有更加光辉灿烂的明天，××才能真正成为我国经济振兴中绚丽夺目的一颗明珠！

春节致辞

范文在线赏析

【致辞人】电信分公司领导

【致辞背景】在电信分公司的新春庆典上致辞

尊敬的市领导、各界朋友们：

大家好！

在这辞旧迎新、普天同庆的时刻，××电信公司全体员工向大家拜年，祝全县各位领导、广大电信用户在新的一年里身体健康、全家幸福、万事如意！

过去的××××年，是不平凡的一年。肩负着"共享与世界同步的信息文明"使命的××电信人，在过去的一年中，和衷共济，追求一流，无私奉献，众志成城，奋发图强，直面挑战，各项事业蒸蒸日上，各项工作捷报频传，获得了全省文明单位、全市文明单位等多项光荣称号；实现了××县村村通电话的战略目标，在全面推进政府信息化、中小企业信息化、农村信息化建设方面，取得了长足的进展；全面完成了企业发展的各项任务，用汗水和智慧铸就了××电信的辉煌业绩，企业发展进入到了一个更高的层次，为×

××地方经济建设作出了积极而不可磨灭的贡献。

新的一年,就是新的企盼、新的风采、新的征程、新的收获! ××××年,我公司提出了"服务转型年"的目标,我们将继续秉承"用户至上、用心服务"的宗旨,为人民服务。

回顾过去,我们充满自豪;展望未来,我们任重道远。随着新春的到来,我们又将迎来更为辉煌的一年。我们深知今后的工作任重而道远,我们很清楚所面临的挑战。在新的征程上,我们电信全体员工责无旁贷、义不容辞,将创造性地开展工作,上下齐动员、上下齐用心、上下齐努力,进一步树立克服困难的信心和战胜困难的决心,凝心聚力谋发展,争先进位求突破,实现××电信新的、更大的发展,为××县地方经济的发展和信息化建设作出更大的贡献。

谢谢!

元宵节致辞

范文在线赏析

【致辞人】银行行长

【致辞背景】在元宵灯节上致辞

尊敬的各位领导,企、事业界及新闻界的朋友,父老乡亲们:

你们好!

我代表××银行××分行全体干部给大家拜个晚年,祝大家万事如意,喜上加喜,好运连连!并向大家表示衷心的感谢,感谢你们对××银行××分行的关心、支持和帮助!

××××年,紧跟着全市经济发展的步伐,我们××银行××分行主要业务快速发展。

任何企业的发展都离不开良好的外部环境,没有××诚信的政府形象、蓬勃发展的经济氛围和社会各界的关心、支持,××银行××分行不可能取得今天的进步和发展。"滴水之恩当涌泉相报"。我们这次协助市委、市政府举办元宵灯展,成为××近年来首家冠名灯会的企业,就是为了尽我们的微薄之力回报社会。去年我们投资××万元参加元宵灯会,今年我们的投资比去年翻了一番。××银行××分行的灯要继续做得规模大、有创新。轰动大、有效果,形势大、有内容,成效大、有收获。我们要以灯展丰富全市人民的精神文化生活,以灯展庆贺我市经济建设取得的辉煌业绩,以灯展感谢政府和社会各界对××银行××分行的帮助、支持和厚爱,以灯展彰显我行的文化底蕴和经济实力。

流光溢彩、美轮美奂的花灯昭示喜庆、安康、创新,更预示着××经济持续快速发展的良好势头和我们在市委、市政府带领下的美好明天。朋友们,让我们徜徉在灯海中,乐在元宵,喜在元宵,笑在元宵。

谢谢大家!

植树节致辞

范文在线赏析

【致辞人】市领导

【致辞背景】在纪念植树节的会议上致辞

同志们：

春回大地，万象更新，一年一度的"植树节"到来了。我谨代表××市人民政府向参加和支持我市绿化事业的同志们、朋友们表示衷心的感谢！向造林绿化第一线的广大干部群众表示亲切的慰问！

过去一年，我们经受了××年一遇的干旱天气的考验，在市委、市政府的正确领导下，在全市人民的大力支持和配合下，以"绿化美化家园，共享白云蓝天"为主题，开展了一系列国土绿化和义务植树活动，取得了显著成效。

××××年，全市人民要进一步提高对国土绿化的认识，坚持生态、经济、社会协调发展，以开展创建省林业生态县和创建全国绿化模范城市活动为载体。加快林业生态工程建设，全面提高森林生态质量，努力实现青山、绿水、蓝天和山川秀美的宏伟目标，为我市全面建设小康社会提供生态保障。

在新的一年里，我们要加大宣传力度，大力宣传党和国家关于国土绿化和义务植树的各项方针政策、法律法规；大力宣传国土绿化和生态建设的成就；大力宣传人与自然和谐发展，不断提高全民绿化意识，使全民、全社会自觉关心、支持、参与我市的绿化和生态建设。

我们要不断创新、丰富和发展全民义务植树的形式，提高适龄公民的尽责率。新形势下，全民义务植树运动，要在原有的基础上，在广度上拓展，在深度上推进，在内涵上丰富，做到领导到位、措施到位、资金到位，早部署、早规划、早行动。

我们要大力发展部门绿化，完善部门绿化责任制。各单位要在搞好自身绿化的同时，积极参加地方义务植树活动，履行每个适龄公民的法定义务。要大力推进城乡绿化建设和绿色通道建设，让森林进城、园林下乡，把绿色通道真正建成绿化线、风景线和致富线。

同志们、朋友们，让我们积极行动起来，继续发扬中华民族植树造林的优良传统，人人动手，利用春季植树造林的大好时机，再次掀起全民义务植树运动和国土绿化建设的新高潮，创建更美好的家园。

谢谢大家！

"五一"劳动节致辞

范文在线赏析

【致辞人】大连中海金属集团董事长来临之际致辞
【致辞背景】在"五一"国际
员工朋友们：

大家好！

五月是激情的花海，用青春拥抱时代；五月是初升的太阳，用生命点燃未来；五月是温婉的微风，使心灵轻轻地敞开；五月是飞翔的鸟儿，用奔放诠释天地之间的风采……站在这个美好季节的起点，值此"五一"国际劳动节和"五四"青年节来临之际，我谨代表集团公司向辛勤工作在各个岗位上的全体员工和青年朋友，致以亲切的问候和衷心的感谢！

集团公司从小到大、由弱到强的发展历程，见证了每一位员工的功劳；集团的每一个进步、每一次成长，都凝结着大家的智慧、心血和汗水。步入××××年的大连中海金属集团正以优异的工作成绩和市场业绩昂首前进，有志于献身集团事业的中海员工正用自己的无私付出、辛勤奉献默默地践行着"做稳做强中海"的忠贞承诺。在这个属于劳动者的节日里，我脑海中浮现的是风吹日晒、炙暑严冬里坚守岗位的一张张坚毅而又执著的面孔。"一分耕耘，一分收获"，最有资格分享集团发展过程中每一颗胜利果实的是你们！是你们的辛勤耕耘，换来了集团公司的累累硕果！

"百折不挠但求心无悔，千辛万苦只为事业攀。"我将这副对联送给集团公司的所有员工，特别是坚守、奋斗在第一线岗位上的员工们，并向最亲爱的同事们道一声：你们辛苦了！祝愿大家"五一"劳动节节日快乐，合家幸福！

谢谢大家！

第五章 节日致辞

儿童节致辞

范文在线赏析

【致辞人】幼儿园园长

【致辞背景】在庆祝"六一"儿童节的文艺汇演上

尊敬的各位领导、各位来宾。亲爱的小朋友：

大家好！

送走金色的五月，我们迎来了"六一"儿童节。这是孩子们的盛大节日！气球带着心愿迎风飞扬，鲜花带着希望尽情绽放。在这个阳光灿烂、姹紫嫣红的日子里，请允许我代表幼儿园的全体教职员工向你们表示热烈的祝贺。祝小朋友们节日快乐！向辛勤哺育你们健康成长的父母、老师致以衷心的感谢和崇高的敬意！

是啊！"六一"是孩子们的节日，而"六一"的快乐却是属于我们大家的。今天，是我园第十五届"六一"文艺汇演，我园的每名幼儿都将登台亮相，展风姿、献才艺。让歌声与微笑同在，祝福与快乐同行。欢庆的锣鼓洋溢着喜庆，优美的舞姿抒写新的篇章。朋友们，让我们与孩子同唱，让我们和家长共舞，让美丽的梦想从这里起航。

最后，预祝机关幼儿园庆"六一"亲子文艺汇演取得圆满成功！祝大家身体健康，合家幸福，万事如意！

谢谢大家！

端午节致辞

范文在线赏析

【致辞人】学校校长
【致辞背景】在学校举办的端午节活动上致辞

各位来宾、各位同仁、全体教职员工：

大家好！

值此一年一度的端午节来临之际。我代表学校向工作在各个岗位上的全体教职员工、全体学员、各界同仁，表示最衷心的祝福和诚挚的敬意，并通过你们向你们的家人致以节日的问候和美好的祝愿。感谢各位长期以来对我校长足发展的大力支持，祝愿大家身体健康，万事如意！

五月夏半。粽米飘香。端午节是中华民族的传统佳节，是合家团圆的日子。在欢度节日的同时，我们无法忘怀多年前那举国同悲的灾难和广大同胞携手并进、自强不息的精神。在生与死的较量中，我们懂得了珍惜，感悟到了生命赋予我们的深远意义——关爱、勇敢、坚强、责任！

"路漫漫其修远兮，吾将上下而求索。"在向未来前进的路上，我们将相互勉励，满怀希望、祝福和感恩。为了伟大祖国的美好明天，为了学校事业的蓬勃发展，我们将一如既往、全力以赴、永不言弃。我们要用属于我们的信念、忠诚和热爱，书写灿烂的今天和明天！

最后，祝大家节日愉快，万事如意！

谢谢大家！

建军节改致辞

范文在线赏析

【致辞人】××市市委书记

【致辞背景】庆祝八一建军节大会上致辞

各位领导、各位同志：

大家好！

今天是我国第××个建军节，我们欢聚一堂，热烈庆祝中国人民解放军建军××周年。首先，我代表中共××市委、××市政府和全市人民，向驻我市的军分区、武警××市总队的各位领导和每一位士兵，向人民解放军驻地部队全体指战员、武警官兵、预备役军人和广大民兵，致以节日的祝贺！向离退休军人、革命伤残军人、转业复退军人，以及所有的英烈军属，表示最诚挚的问候，祝你们节日快乐！

中国人民解放军是一支具有辉煌战斗功绩和光荣革命传统的人民军队！在党的领导下，中国人民解放军带领中国人民浴血奋战，经历了血与火的洗礼，实现了民族独立、人民解放、国家富强的伟大抱负。在我国现代化建设中，中国人民解放军驻我市部队官兵积极发扬我军拥政爱民的光荣传统和优良作风，在进行部队革命化、现代化、正规化建设的同时，始终牢记"全心全意为人民服务"的宗旨，视人民为父母，把驻地当故乡，积极支援地方建设，在我市扶贫帮困、救助群众、维护社会稳定等活动中作出了巨大贡献，为群众办了大量实事、好事，用实际行动在全市人民心目中树立起了爱民之师、威武之师、文明之师的高大形象，体现了军民同呼吸、共命运、心连心的鱼水深情。

发展是我们党执政兴国的第一要务。在我市，加快发展依然是摆在我们面前最重要的任务。为实现市党代会和人代会确定的奋斗目标。进一步加快发展，市委提出了"×××"和"×××"的重大举措。现在，全市上下已经形成了以第三产业为主、带动区域发展，以引进外资为动力促进区域发展的良好局面。我们热切希望驻地解放军和武警官兵能继续关心、支持和参与我市的三个文明建设，为加快城市建设作出更大的贡献。

继续在全市开展拥军优属、拥政爱民活动。在新时期的社会建设过程中，加强军政、军民团结是我们始终奉行的宗旨。我市正处于快速发展的重要战略机遇期，我们要从维护国家安全和社会稳定、促进改革开放和经济发展的高度，进一步做好"双拥"工作，不断巩固军政、军民团结的大好局面，努力提高部队的战斗力，增强民族的凝聚力。

我们要继续投入更多的资金支持我市国防建设。推进国防现代化建设是我们市委、市政府义不容辞的重大政治责任。希望我市的每一位市民都能牢固树立起"关心国防、服务国防"的观念，在全市深入开展国防宣传，进行国防教育。

最后，预祝本次大会取得圆满成功！

谢谢大家！

第五章 节日致辞

教师节致辞

范文在线赏析

【致辞人】××师范附属小学校长
【致辞背景】在××师范附属小学庆祝教师节大会上

尊敬的×校长、各位老师：

大家好！

光阴似箭，日月如梭；春华秋实，岁月如歌。

星移斗转××载，演绎着多少尊师重教和甘为人梯的动人故事，留给我们太多的回味与感慨。每年的金秋九月，我们的心海里总会泛起层层的涟漪：我们为拥有一个属于自己的节日而自豪，我们为党和人民给予的荣誉而感动，我们更为各级领导和社会各界有识之士的关心与支持而心存感激和敬意。

在此，我提议：用掌声感谢一贯关心、重视我校工作的各级领导，并表示由衷的敬意！同时，我代表学校祝老师们节日快乐，家庭幸福！

明天就是我们自己的节日。此时此刻，我们深深地体会到：我们的事业是多么的神圣和崇高！此情此景，我们总会情不自禁地想到我们圣洁的校园、生动的铃声、宁静的教室和喧闹的操场……

一声"老师，节日快乐"的祝福，一束带着朝露和馨香的鲜花，都会令我们心灵颤动、热血奔涌、喜泪盈盈。

几多风雨，几度春秋，我们默默地耕耘，苦苦地追求。我们用博爱、知识和师德点燃起的烛光，照亮了一片片心灵的荒漠。我们的汗水纯净而沉重。我们播种春色，也拥有金秋，我们收获着丰收和喜悦。孩子们的朝气和活力,驱赶着我们生命中的平庸和衰老;孩子们的纯真与诚挚,净化着我们的私心和浮躁。

老师们,当我们满怀豪情地迎来第××个教师节时,我们要站在时代的更高点上回顾过去、审视今天、展望未来。我们要深深地懂得,我们担负着时代的使命,承载着祖国的嘱托,肩负着家长的期望。我们要用燃烧的爱,用炽热的焰火,去书写教育改革的新篇章!

最后,让我们再次用掌声感谢各级领导对我校工作的关心和支持!祝愿我校教育事业蓬勃向上,祝愿老师们岁岁平安,年年吉祥!

谢谢大家!

中秋节致辞

范文在线赏析

【致辞人】××公司领导
【致辞背景】××公司中秋节庆祝晚会

各位嘉宾、各位朋友,同志们:

大家晚上好!

丹枫迎秋,橙黄橘绿,我们又一次迎来了万家团圆的中秋节。在这合家团聚、把酒邀月的喜庆时刻,我们欢聚一堂,共庆佳节。我谨代表公司向在座的所有员工致以节日的祝福!向现在依然坚守在工作岗位上的员工致以衷心的感谢和诚挚的问候!感谢大家的辛勤付出和无私奉献!

今晚,我们借××体育馆这块宝地举办我公司的中秋节庆祝晚

第五章　节日致辞

会。参加本次庆祝晚会的还有××劳务派遣有限公司、××集团、××公司的领导和部分员工，在这里，我代表公司全体员工对你们的到来表示热烈的欢迎！

"秋空明月悬，光彩露沾湿。"值此中秋之夜，大家能在此相聚，共享佳节，我很感动。在这个代表丰收的节日里，我衷心地祝愿到场的每一位朋友都能拥有一段美好时光，享受"众乐乐"的乐趣。

鲜花的绽放离不开汗水的浇灌，事业的成功离不开无数人的辛勤付出。我公司的建设与发展，同样离不开大家的共同努力。无疑，我公司能有今天的成就，离不开在座各位的辛勤劳作。中秋节本是一个全家团圆的节日，但今天，到场的多数人却是远离亲人，为了工作只能在这个体育馆里度过中秋节，公司感谢你们这样无私的付出。在这里，请允许我代表公司，向所有无私奉献着的员工道一声"谢谢"！

"但愿人长久，千里共婵娟。"此时此刻，我们思念着我们的亲人。我相信，千里之外的他们也在思念着我们。让优美的旋律奏起来，让动人的舞蹈跳起来，让欢乐的笑声响起来，让我们的快乐在相聚中沸腾，让我们与家人共同沐浴着皎洁的月光。

最后，祝在座各位节日快乐，身体健康！

谢谢大家！

国庆节致辞

范文在线赏析

【致辞人】市领导

【致辞背景】 在庆祝国庆节的宴会上致辞

女士们、先生们。同志们、朋友们：

大家好！

今天，我们大家欢聚一堂，隆重庆祝中华人民共和国成立××周年。在此，我代表×××市委、市政府，向辛勤工作在各条战线的全市各族人民致以节日的祝贺！向为×××的繁荣和进步作出杰出贡献的离退休老干部、老同志致以亲切的问候！向外国专家和留学生代表。向所有关心、支持×××建设和发展事业的国际友人，表示衷心的感谢！

今天是新中国成立×周年华诞。××年来，在中国共产党的领导下，全体中华儿女团结一心、艰苦奋斗，在一穷二白的废墟上建设了一个人民生活总体达到小康水平、各项事业蓬勃发展的新中国。特别是改革开放以来，我国综合国力显著增强，国际地位日益提高。我们伟大的祖国欣欣向荣、蒸蒸日上，巍然屹立在世界东方。

伴随着共和国前进的步伐，在中国共产党的领导下，××市彻底摆脱了帝国主义侵略和封建农奴制的羁绊，开辟了从黑暗走向光明、从落后走向进步、从贫穷走向富裕、从专制走向民主、从封闭走向开放的新时代。现在的××市，经济发展、社会进步、局势稳定、民族团结、边防巩固、人民安居乐业。这些成就的取得，是党中央英明领导的结果，是中央关心、全国支援的结果。××市的发展印证了一个伟大真理：只有在中国共产党的领导下，只有在祖国大家庭的怀抱中，只有坚定不移地走建设中国特色社会主义道路，××市才有繁荣进步的今天和更加美好的明天！

回顾共和国走过的光辉历程，我们感到无比的骄傲和自豪；展望未来，我们充满必胜的信心。我们坚信在以习近平同志为总书记的党中央的坚强领导下，我们一定能够战胜各种困难，实现跨越式发展，为中华民族的伟大复兴作出应有的贡献！

祝愿中华人民共和国××周年华诞生日快乐！

祝愿祖国的繁荣富强，各族人民生活幸福！

祝愿在座的各位来宾和同志们身体健康！

第六章

慰问致辞

　　良言一句三春暖，一名寒暄，温暖人心。慰问是一种文化，它是情感的传递，而非"官场走秀"。慰问辞也要体现关心、慰问之意，避免使用严肃的词语，应努力营造轻松的氛围；如有鼓舞士气等内容，则要用激昂的语言、高涨的情绪将慰问、鼓励之意充分表达出来。

万能结构模板

慰问致辞是一种常见的向对方表示关怀、慰问的致辞。它是党政机关、企事业单位、社会团体领导对工作中作出巨大贡献、取得优异成绩或者遭遇天灾人祸、蒙受重大损失的集体或个人表示安慰、问候、鼓励和关切的致辞。

写好慰问致辞，不仅要掌握它的基本结构，也要熟练运用一些技巧，具体要把握好以下四个要点：

第一是层次要清楚

慰问致辞通常由标题、称谓、正文、结尾、落款五部分构成：

1. 标题

标题通常是由文种名称单独组成，或由慰问对象和文种名称组成，或由慰问双方和文种名称共同组成，比如：《致县委办全体家属的慰问致辞》《中共××县委、××县人民政府致企业家的慰问致辞》。

2. 称谓

慰问致辞的称谓要顶格写上被慰问者的名称或姓名、称呼，如"企业家朋友们"。

第六章　慰问致辞

3. 正文

慰问致辞的正文一般由发文原因、慰问缘由、提出希望或要求等部分构成。发文原因要开宗明义，如："金猪辞岁，玉鼠闹春。值此新春佳节来临之际，县委、县政府谨向你们致以亲切的问候和衷心的祝福！"慰问缘由要对被慰问者表示肯定、鼓励或安慰，如："这些成绩的取得，得益于各级党委和政府的正确领导，得益于全县百万人民的共同奋斗，更得益于××籍在外工作人员的鼎力相助。××的发展浸透了你们的心血和汗水。××的进步凝聚了你们的勤勉和智慧，县委、县政府衷心感谢你们，全县父老乡亲永远不会忘记你们！"

最后要提出希望或要求，如："在新的一年里，县委、县政府将进一步优化发展环境，我们愿意做大家的'服务员'，让各位企业家在××进得来、留得住、富得了。在新的一年里，我们衷心希望各位企业家多关心××，多宣传××，多投资××，多为××的发展献计出力。我们坚信，有你们的参与，××的事业一定会繁荣昌盛，××的明天一定会更加美好！"

4. 结尾

慰问致辞的结尾通常表示祝福，如："最后衷心祝愿各位企业家生意兴隆，财源广进，新年愉快，幸福安康！"

第二是内容要真实

慰问致辞的篇幅往往都不太长，行文高度概括，如把握不当，容易空泛模糊，让听者不得要领。对此，一定要虚功实做，把致辞对象的主要特点表达得清晰明确，切忌贪多求全、主次不分。如《致政协委员的慰问致辞》中，明确肯定"是大家高举团结、民主大旗，认真履行职能，做出了卓有成效的工作；是大家围绕中心、服务大局、献计出力，提出了切实可行的建议；是大家沟通关系、联络感情、对照宣传，树立了××的良好形象，为促进我县全面建设小康社会、构建和谐社会作出了卓越的贡献。"这里，虽然没有使用数字、事例来佐证，但力求用精炼的笔墨，突出了被慰问对象认真履行政治协商、民主监督和参政议政等职能的主要特点，让人一样觉得实在可信。

第三是要投入感情

慰问致辞的语气很重要，在切合双方的关系和身份，注意讲究分寸，语言恰切适度的基础上，慰问致辞应比一般致辞更亲切、更诚挚，字里行间要体现出与被慰问者的感情共鸣，力求字字含情谊，句句暖人心。如："县委办公室条件艰苦，工作辛苦，号称'四水'干部（磨脑水、喝墨水、流汗水、没油水），同志们一天忙到晚，一年忙到头，舍小家为大家，对家庭欠账太多。"

在这篇致辞中。首先肯定"县委办公室在县委的直接领导和关怀下，同心同德，克难攻坚，创新前进，在服务县委、服务基层、服务群众方面，取得了较好的成绩，受到了县委主要领导的充分肯定和人民群众的认可"，后文更强调"成绩来之不易，军功章有我们的一半，更有你们的一半。是你们操持家计，承担家务，为我们排忧解难；是你们赡养父母，教育子女，给我们提供了稳定的大后方；是你们多加鼓励，多加安慰，坚定了我们搞好办公室工作的信念。可以这样说，没有你们的无私奉献，我们不会取得这样的成绩，没有你们的大力支持，我们不会一帆风顺。你们中苦了！在此向你们致以深深的谢意！"这样。通过采用议论、叙述、抒情相结合的方式，以加强致辞情感上的感染力和冲击力，充分体现出上级组织及领导对县委办公室全体干部特别是全体家属的褒奖和慰勉，进一步激发全体干部和家属继续奋发向上的信心、克服困难的勇气和努力工作的决心。

第四是语言要精准

慰问致辞一定要力求简练，结构严谨，节奏明快。如《在"三八"妇女节致女员工的慰问致辞》中：

"尊敬的女员工们：伴随着春天的脚步。我们将迎来又一个三八国际劳动妇女节。值此之际。我们向辛勤工作在各岗位上的广大女员工及其家属们表示亲切的问候和崇高的敬意！×××的发展和辉煌，凝聚着包括女员工在内的全体员工的辛勤和汗水。在紧张繁忙的日常工作中，在各项管理和服务工作中，无不活跃着女员工的身影。广大女员工的兢兢业业、默默耕耘，成为×××健康发展的重要保证；广大女员工的顽强拼搏、无私奉献，绘就了×××一道道亮丽的风景线！值此节日到来之际，我们要衷心感谢你们。你们是×××的坚强后盾，你们是真正的无名英雄！最后，祝全体女员工们，身体健康，节日快乐，家庭幸福，工作进步！"

本文通过严整缜密的表述，特别是适当运用比喻句，使行文产生一种内在的逻辑力量，具有很强的说服力和感召力。

中秋节慰问外来工作人员致辞

范文在线赏析

【致辞人】县委领导
【致辞背景】在中秋佳节之际慰勉外地人士
为我县发展作出杰出贡献的外地朋友们：

你们好!

月缺月圆又一秋。值此传统佳节到来之际,中共××县委、××县人民政府向在我县生活和工作的外地人士及关心我县经济发展的各界朋友致以最良好的祝愿和最诚挚的问候!

每逢佳节倍思亲。这种痛并快乐着的心情我们共同感受,共同分享。当然,作为××人,我们更希望感受和分享的,是××茁壮成长的喜悦。这份沉甸甸的喜悦里,有你们艰辛的汗水和卓越的智慧,有你们无私的奉献和真切的关爱,有你们诚挚的帮助和鼎力的支持。亲情,血浓与水;友情,香醇如酒。今天的××正站在一个崭新的历史路口,千帆竞发、百舸争流。我们恳切地希望你们一如既往地关心、支持××,积极宣传××,为××与外地的经济文化牵线搭桥,让更多的有识之士参与到××经济建设的滚滚洪流中来。

祖国大地秋风送爽、丹桂飘香;晴朗夜空万千星宿,皓月升腾。我们坚信,有家乡人民的共同努力,有你们的关心支持,××经济一定能够获得更大的发展,取得更加丰硕的成果,谱写出更加美好的历史篇章!让我们共同祝愿我们的祖国繁荣昌盛!

慰问中国人民解放军致辞

范文在线赏析

【致辞人】××市领导

第六章 慰问致辞

【致辞背景】建军节××周年庆祝活动

各位领导，同志们：

上午好！

今天，我们欢聚一堂，热烈庆祝中国人民解放军建军××周年。首先，我代表中共××市委、市政府向空军××、××部队和××工程筹备办的全体指战员致以节日的祝贺和亲切的问候！

多年来，在中国共产党的领导下，人民军队艰苦奋斗、勇往直前，实现了人民的解放，民族的独立，国家的富强。烽火连天的战争年代，人民军队为了民族独立进行了艰苦卓绝的斗争，功绩卓著；和平建设时期，英勇的中国人民解放军依然为了祖国的安定、人民的安居作出了巨大的牺牲。中国人民解放军不愧为捍卫国家主权和领土完整的钢铁长城，不愧为人民安居乐业的坚强保障。

我市一直将双拥工作作为市委、市政府的重点工作，通过多年的努力，在这方面取得了一定的成绩，连续多次荣获"全国双拥模范城"的光荣称号。通过不断深入贯彻科学发展观，通过我市军民的共同努力，我市在社会建设各方面都取得了不错的成绩。国民经济实现了迅速发展，人民生活水平得到了较大幅度的提高。在这里，我代表全市人民再次向为我市发展贡献力量的人民解放军表示崇高的敬意和衷心的感谢！

在今后的工作中，我们将继续按照市委××会议的精神，振奋精神，团结一致，开拓创新，集中精力完成各项任务，加快实现我市××发展。我们衷心地希望驻××部队的全体官兵能够与我们一起，积极投身到我市的经济建设中来，为维护社会稳定、促进两个文明建设贡献力量。

在新的历史条件下，让我们团结起来，用实际行动开创军政军民团结的新局面，努力加强军队的现代化、正规化建设，努力推进我市全面建设小康社会的伟大进程！

最后，衷心祝愿全体官兵及其家人，节日愉快，合家幸福！

慰问员工家属致辞

范文在线赏析

【致辞人】××局局长

【致辞背景】春节慰问职工家属

全体职工家属：

大家新年好！

在这辞旧迎新的喜庆日子里，我谨代表我局全体职工向你们表示亲切的慰问，并致以节日的美好祝愿！祝大家新春快乐，身体健康，合家幸福！

过去的一年是我局飞跃发展的一年。去年一年，我局中标了5个重大项目，有3个项目顺利开工，安全完成了2个项目的建设，获得了全省"先进单位"的荣誉称号。去年年底，我局更是成功搬迁到新办公楼，实现了我局的现代化办公。这一系列成绩的取得标志着我局进入了一个新的发展阶段。我局能够取得这些成绩，一方面是靠全局干部职工的努力拼搏，另一方面是靠你们这些干部职工家属的默默支持。在此，我向你们表示衷心的感谢！

虽然，去年我们取得了骄人的成绩，但我局未来的任务更为艰巨，在未来的工作中，我们全体干部职工需要继续发扬迎难而上、奋勇拼搏的精神，踏实工作，让我局的发展再上一个新的台阶。前方的道路充满曲折，我们希望家属们继续理解、支持我们的工作，

第六章 慰问致辞

你们今后会承担更多的家庭责任,将更加辛苦地照顾孩子和老人。我们相信,有了你们的理解、支持和关怀,我局全体职工定会排除万难,全心全意地为我局的发展努力奋斗。在此,我再一次向各位家属致以诚挚的谢意:"谢谢你们!"希望广大家属以优秀家属为榜样,继续关心我局的发展和进步,为我县的繁荣、发展和稳定作出更大的贡献!

谢谢大家!再次祝大家新年快乐,合家幸福!

慰问地震灾区人民致辞

范文在线赏析

【致辞人】××企业董事长

【致辞背景】××企业捐助地震灾区的活动

亲爱的灾区朋友们:

你们好!

在这里,首先我代表××企业的全体员工,对你们所遭遇的灾难表示深切的同情。

就在不久前,一场突如其来的大地震摧毁了你们美丽的家园,不仅让你们的财产受到了巨大的损失,更让你们的身体和心灵承受了巨大的痛苦,很多人甚至失去了亲人、朋友。但是,你们一定要相信,全国的同胞们此刻都与你们站在一起,都为你们遭受的不幸感到悲痛,同时也都在为你们祈福,希望灾难早点过去,灾区能够早日恢复正常的生产生活。

面对这次大灾难,你们身上表现出的坚强和乐观,让我们震撼与感动;你们积极的自救行为,让我们受到了莫大的鼓舞;全国同胞为灾区重建工作作出的努力也让我们很感动。

为了帮助大家重建美丽的家园,为了缓解灾区食物、饮用水、药品等资源的匮乏问题,我们企业带来了××万元人民币,以及价值××万元的食品、饮用水和药品等物资,希望能为重建灾区略尽薄力。

可亲可敬的灾区的兄弟姐妹们,这次地震不仅仅是你们的灾难,也是每一位中华儿女的灾难。面对自然灾害,我们需要众志成城,勇敢面对未来,用我们的双手重建我们美好的新家园!我们会一直支持你们,直到你们从灾难中走出来,我们也相信你们一定能走出困境,创造更加美好的明天。

希望你们早日振作起来,早日重建自己的美好家园!

慰问公安英烈家属致辞

范文在线赏析

【致辞人】国务委员、公安部部长×××
【致辞背景】在新中国成立××周年之际致辞
全国公安英烈家属同志们:
大家好!

第六章 慰问致辞

　　值此新中国成立××周年之际，我谨代表公安部，向你们致以亲切的慰问和崇高的敬意！新中国成立以来的××年，是中国共产党团结和带领全国各族人民开创和建设中国特色社会主义事业、推动中华民族实现伟大复兴的××年，也是人民公安事业不断发展进步、取得辉煌成就的60年。60年来，全国公安机关和广大公安民警在党中央、国务院和各级党委、政府的坚强领导下，坚决贯彻执行党的路线方针政策，努力实践全心全意为人民服务的根本宗旨，忠实履行宪法和法律赋予的神圣职责，为巩固共产党执政地位、维护国家长治久安、保障人民安居乐业、促进经济社会发展作出了重要贡献。特别是面对血与火、生与死的严峻考验，广大公安民警临危不惧、挺身而出，舍生忘死、前赴后继，用鲜血和生命谱写了一曲曲人民公安为人民的光辉乐章。新中国成立以来，全国公安机关有1万多名公安民警英勇牺牲，15万多名公安民警光荣负伤。他们的英雄事迹，弘扬了公安队伍的浩然正气，展现了人民警察的精神风采，彰显了人民警察的忠诚本色！他们无愧为中华民族的优秀儿女，无愧为党和人民的忠诚卫士！

　　公安工作的发展、进步，公安队伍取得的成绩和荣誉，与广大民警家属的关心、理解和支持密不可分。长期以来，广大公安民警家属识大体、顾大局，无怨无悔、默默奉献，以宽广的胸怀和坚强的毅力，勇敢承担起抚育子女、赡养双亲等家庭重负。特别是公安英烈和负伤民警的家属们默默承受着失去至亲或亲人伤残的精神痛苦，克服着常人难以想象的生活困难和压力，勇敢直面各种生活的艰辛，付出了巨大的辛劳和牺牲。可以说，正是数百万民警家属的理解支持。鼓舞着广大公安民警的义无反顾、勇往直前；正是因为你们的执著付出，推动和促进了整个公安队伍的稳定发展。我们不会忘记公安英烈的卓著功勋，更不会忘记广大公安民警家属的无私奉献！

　　××年的光辉历程已经载入史册。公安事业新的征程正在开启,公安机关将面临更加繁重艰巨的公安保卫任务。希望全国公安机关和广大公安民警更加紧密地团结在以习近平同志为总书记的党中央周围。高举中国特色社会主义伟大旗帜,进一步解放思想、改革创新,努力在新的历史起点上推动公安工作不断取得新的发展进步。

希望广大公安民警家属特别是英烈家属,一如既往地关心、支持公安工作和公安队伍建设,激励广大公安民警始终以奋发有为、昂扬向上的精神状态投身公安事业,为党和人民再立新功!

慰问抗雪救灾的兄弟友好单位致辞

范文在线赏析

【致辞人】××市委领导

【致辞背景】××××年雪灾之际,××市委领导致萍乡市房产管理局的慰问致辞

×××市房产管理局全体员工:

大家好!

××××年伊始,几十年罕见的严重雪灾突袭了南方诸多省市,同时贵地也受到了很大影响。对此,我们××市住房保障和房产管理系统的全体干部职工向受灾害影响的兄弟友好局的干部职工

表示真切的问候,并捐款×××××元,以实际行动支援×××市房产管理局抗雪救灾。

"大雪压青松,青松挺且直"在这场雪灾面前,备战在受灾害影响一线的贵局干部职工,克服了种种困难,发扬特别能战斗、特别能吃苦的精神,踊跃投身防灾、抗灾、救灾的各项工作之中,有效地缓解了灾情。对你们这种不畏严寒,与冰雪灾害顽强拼搏的精神,我们表示崇高的敬意!同时,如果你们在房管工作中或生活中有需要我们帮助的,请及时联系我们,我们愿尽最大的力量与你们共同抗灾,直至抗灾的彻底胜利。

岁月回眸,欢歌如潮。回首过去的××××年,我们两市的房地产业快速发展,为改善居民的居住环境和居住条件、促进社会和谐进步,发挥了重要作用。尤其是与贵局缔结兄弟友好市局后,我们两局加强交流、增强友谊、互相借鉴、共同提高。事实证明,我们的交流借鉴是成功的,这些沟通和联系,有效地促进了我们两市住房保障和房产管理工作的开展。希望在今后,我们两局能够进一步加强交流与合作,同心同德,锐意进取,努力使我们的住房保障和房产管理事业兴旺发达,共同创造更加美好的明天!

最好,再一次祝愿兄弟友好单位的全体干部职工,在新的一年里,新春快乐,身体健康,合家幸福,万事如意!

慰问防汛抗灾人员致辞

范文在线赏析

【致辞人】市领导

【致辞背景】在洪水灾害慰问捐助仪式上致辞

同志们：

××市××特大暴雨洪水灾害，给灾区群众生产生活带来了严重影响。市直党政机关、企事业单位和社会各界人士，纷纷伸出援助之手，捐款捐物，奉献爱心，帮助灾区尽快恢复生产、重建家园，进一步坚定了灾区群众战胜困难的信心。

××日，我们在这里向灾区集中发送第一批生活资料，对缓解灾区群众生活困难起到了一定的作用。目前灾区群众生活安置和恢复生产的任务十分艰巨，针对当前灾区农业生产和重建的需要，今天我们又组织了五车农用物资和灾民建房物资，集中发送第二批救灾物资，体现了市直机关广大干部职工和社会各界对灾区群众的一片爱心以及深情厚谊。

全体党员和干部职工，要充分认识当前暴雨洪水灾害的严重性、生产救灾工作的艰巨性、经济社会发展的紧迫性，以高度的政治责任感和扎实的工作作风,投入到防汛救灾工作中去,投入到本职工作中去,以自己突出的工作成绩,体现对灾区的大力支持。

我们坚信,有省委、省政府的亲切关怀,有市委、市政府的坚强领导,有广大干部群众和社会各界的大力支持,我们一定能够战胜洪水灾害,迅速恢复生产,重建美好家园,夺取抗洪救灾的全面胜利。

慰问矿难单位致辞

范文在线赏析

【致辞人】兄弟单位领导

【致辞背景】在矿难过后向兄弟单位慰问致辞

××煤矿全体职工:

××月××日,××煤矿发生重大瓦斯爆炸事故,我局干部职工怀着万分焦虑的心情密切关注着受伤矿工和井下被困矿的救助工作。当我们惊悉井下×××名被困矿下全部遇难的消息后,大家的心情异常沉痛。这次矿难给国家财产造成重大损失,给遇难矿工家属造成难以挽回的伤害,对此,我们向遇难者表示深切哀悼,向遇难者家属表示诚挚的问候。并向奋斗在矿难解救现场第一线的国务院专家组、事故救灾指挥部、井下救护队员、医疗抢救领导小组致以崇高的敬意!

我们和全国人民一样,十分关注矿难善后工作,为帮助做好矿难救助工作和矿区恢复生产,我局干部职工自愿组织开展了一次捐助活动,大家积极参与,捐款一万元,以微薄的资助表示我们深切的慰问之情。我们相信,在省委、省政府的统一领导和部署下,按照国务院专家组和事故救灾指挥部制订的抢救方案,一定会全力做好伤员救治、家属慰问等事故善后工作,一定能尽早夺取事故救助和恢复安全生产工作的全面胜利。

矿难无情,人有情;一方有难,八方支援。面对矿难,同为炎黄子孙,我们义不容辞,奉献我们的一片爱心。我们深知区区一万元的捐款,面对如此大的灾难,微不足道,谨以此略表寸心。我们深切地期望,所有在此次矿难中遭遇不幸的同胞们能鼓起生活勇气,勇敢地面对明天。相信在党和政府、八方同胞的关怀、支持下,我们手拉手共同努力,一定能战胜灾难。

慰问扇离群众致辞

范文在线赏析

【致辞人】××市市长

第六章　慰问致辞

【致辞背景】慰问"新型冠状病毒脑炎"隔离人员

各位朋友：

一场突如其来的新型冠状病毒脑炎袭击了我国，其传染性强、潜伏期长，严重威胁着人们的身体健康，给人们的生产生活带来了诸多不便。

面对严重的疫情，中共中央国务院迅速作出控制疫情的战略部署。隔离疑似病例便是其中的一项措施。今天，你们被隔离在××医院进行观察治疗，这是对你们自己生命安全的负责，也是对他人生命安全的负责。

全社会都在关注我们与"新型冠状病毒脑炎"的这场战斗，都在关注着你们的安危，所以，身在病房的你们并不孤独。为了战胜"新型冠状病毒脑炎"，省党委高度重视，积极行动，在最短的时间内作出了坚定有力的部署，动员了社会各方面的力量投入到这场抗击"新型冠状病毒脑炎"的斗争中；省委、省政府对此也作了周密且细致的安排，筹集了上千万元经费用于治疗"新型冠状病毒脑炎"病人。几十年前，面对大规模流行的疾病，老百姓更多的是无助；今天，面对"新型冠状病毒脑炎"，我们有党和政府强有力的领导，有全社会的关爱，有先进的医药技术的支持，我们对战胜"新型冠状病毒脑炎"充满了信心。

朋友们，请你们放心，你们被隔离是暂时的。你们如果在隔离期内没有被查出感染疫情，那么就可以走出隔离病房，与家人团聚；你们中有的人如果不幸感染疫情，那么也要相信党，相信政府，相信广大的医护人员，积极配合治疗，争取早日出院。

最后，希望大家在隔离期间调整心态，争取早日康复。请大家放心，我们始终与你们站在一起，相信我们依靠自己的力量一定能够战胜"新型冠状病毒脑炎"！

第七章

答谢辞

自古以来,人们就提倡"礼尚往来""知恩报德""来而无往非礼也",于是在人际交往中便有了"谢"的言行:或揖拳,或鞠躬,或以言辞道谢,或以纸笔作。答谢辞能够最充分、最有效地表达谢意,在社交、外交日益频繁的当代社会,已经发挥着越来越管理重要的作用。

万能结构模板

答谢辞，是指在特定的公共礼仪场合，主人致欢迎辞或欢送辞后，客人所发表的对主人的热情接待和多方关照表示谢意的致辞。答谢辞也指客人在举行必要的答谢活动中所发表的感谢主人的盛情款待的致辞。另外，答谢辞也可用于主人举办的答谢客户或员工的宴会上主人的致辞，旨在表示对客户支持的感谢以及对员工辛苦工作的谢意。

答谢辞同欢迎辞、欢送辞一样，体现了中国作为礼仪之邦所延续下来的文化传统。答谢辞同样也蕴涵着深刻的传统文化韵味，是社交礼仪致辞中非常重要的一种。

答谢辞的正文一般由开头、中段和结尾三部分构成。

第一部分为开头

开头通常应该说明答谢的缘由和所答谢的对象，并首先对被答谢者表示感谢。如："首先，请允许我代表访问团全体成员对×××先生及×××集团公司对我们的盛情接待表示衷心的感谢。"

又如："在这辞旧迎新之际，我公司今天召开了××××年终端客户答谢会。请允许我代表外商独资经营药业有限公司，向各位的到来和一年来你们对我公司经营业务的支持表示热烈的欢迎和由衷的感谢！"

第二部分为中段

答谢辞的中段是整个答谢辞的主体。在迎送答谢辞中，写出受到盛情接待的情况，表示衷心的感谢；阐明此行的重要意义和影响，表达今后加强合作、交流的意愿以及良好的祝愿。答谢授受则要写出接受奖励、馈赠的心情、意义，并表达对待授受的态度等。在答谢客户或员工时，应尽量描述在客户或员工的帮助和努力下所取得的辉煌成就。表达对被答谢者的感激之情，并承诺今后继续努力，对未来提出畅想。如：

"过去的一年是哈保大厦快速发展的一年，我们在集团公司的领导下，在各位客户公司老总的支持下，经过我们全体员工的共同努力，取得了一定的成绩：顺利通过国家建设部关于国家级示范大厦的复检，保持着物业管理最高荣誉；全面启动了ISO9001质量管理体系试运行，全面强化了基础管理工作；荣获了市物业管理先进单位和哈尔滨市公安局经保系统先进单位等光荣称号。××××年客户对大厦各项服务满意率又有新的上升，各项服务水平又有新的提高。

金猴腾空昔年去。雄鸡唱晓新春来。回首过去峥嵘岁月欣慰神驰，展望未来锦绣前程壮怀激越。

在新的一年里，我们要继续努力，不断取得新的突破，来回报广大客户的厚爱，为您事业的成功尽我们的微薄之力。我们将以百倍的努力和良好的服务以及崭新的精神风貌服务于您。我相信：经过我们的相互支持、友好合作，我们一定能实现双赢的目标。让我们携手奔向美好的明天！"

第三部分为结尾

答谢辞的结尾一般比较简短。通常是对被答谢者再次表示谢意，并寄予美好祝愿。如：

"再次祝福全厦客户及各公司员工新年快乐。万事如意！祝各位事业辉煌，如日中天！祝各单位百业俱兴，宏业大展，前程无限，吉年大发！"

出国访问答谢辞

范文在线赏析

【致辞人】加拿大淡水鱼研究所所长

【致辞背景】在国际学术会议的欢迎仪式上致答谢辞

女士们、先生们：

我荣幸地代表来自世界各地21个不同国家的科学家。在这里答谢陈教授刚才热情洋溢的欢迎辞。

使我感到特别荣幸的是我能代表所有参加此次国际会议的"外宾"讲话，因为这是我们第一次有幸在中国参加这一学术会议。

我感谢大会组织委员会对我们的邀请，感谢他们为这次会议的准备工作所付出的辛勤劳动和心血。我们刚到××不久，但大会的计划、组织工作已给我们留下了深刻的印象。我们同时也感谢中国主人对我们的深情厚谊。

科学是不分国界的，科学使我们走到一起。我希望今后几天的接触、交流将使我们大家感到满意。看到这样盛大的国际聚会，我感到愉快，我向参加今天会议的所有人员表示祝贺。我相信他们的研究工作达到了本领域的高水平。

陈教授，谢谢你热情的欢迎辞，同时也感谢你们埋头苦干的组

第七章 答谢辞

织委员会。此外，我们还要感谢××市政府和人民，因为他们为了我们在这里过得愉快和留下深刻的印象已经做了并且还在做大量的工作。

谢谢！

参观、访问企业答谢辞

范文在线赏析

【致辞人】访问团团长

【致辞背景】在集团公司为访问团举办的欢送酒会上致答谢辞

尊敬的×××先生、尊敬的×××集团公司的朋友们：

首先，请允许我代表访问团全体成员对×××先生及×××集团公司对我们的盛情接待表示衷心的感谢！

我们一行五人代表××公司首次来贵地访问，此次来访时间虽短，但收获颇大。仅三天时间，我们对贵地的电子业有了比较全面的了解，与贵公司建立了友好的技术合作关系，并成功地洽谈了×××电子技术合作事宜。这一切，都得益于主人的真诚合作和大力支持。对此，我们表示衷心的感谢。

电子业是新兴的产业，蒸蒸日上，有着广阔的发展前景。贵公司拥有一支由网络专家组成的庞大队伍，技术力量相当雄厚，是网络工作站市场中的一枝独秀。我们有幸与贵公司建立友好的技术合作关系，为我地电子业的发展提供了新的契机，这必将推动我地的电子业迈上一个新台阶。

最后,我代表××公司再次向×××集团公司表示感谢,并祝贵公司迅猛发展,再创奇迹。我更希望我们彼此继续加强合作,共创美好的明天!

谢谢!

祭祖活动答谢辞

范文在线赏析

【致辞人】××蒙古族祭祖观光团团长

【致辞背景】当地政府举办的欢迎会

尊敬的各位领导,各位朋友,乡亲们:

大家好!

在这水草丰盛、牛羊壮美的××草原,我们欢聚一堂,共同祭奠我们蒙古族的圣祖、蒙古人民的骄傲,我们伟大的祖先——成吉思汗。这是蒙古族的传统,同时也体现了中国共产党平等、团结、互助和共同繁荣的民族政策。在此,我们要对××政府和社会各界人士表示衷心的感谢!感谢你们对本次祭祖活动的支持和帮助!

祭奠伟大圣祖成吉思汗,旨在缅怀他的光辉伟绩,传承蒙古族的优秀文化;更是为了激励所有流着蒙古族血液的子孙热爱民族、热爱故土。虽然蒙古族的儿女们由于种种原因分布在祖国乃至世界的不同地方,但我们的心是相通的,我们深深地热爱着我们的草原,想念着梦中的马奶香。

蒙古族有着悠久的历史,自圣祖建立元朝后……(介绍民族发

展简史，略）

由于历史原因，很多蒙古族支系子孙生活在不同的地域，虽然大家的生活习惯和风俗在很多方面存在着差异，然而我们缅怀先祖的历史传统没有变，我们仍然信守着圣祖的遗训，继承着圣祖遗留的优良传统。×百年后的今天，我们能重回故乡祭祖，不正体现了我们民族生生不息的精神吗？一个人要热爱自己的民族，一个民族更要热爱自己的国家。在此，我们也真诚地希望，通过这次祭祖活动能加强蒙古族同胞之间的亲情、友情，使我们伟大的蒙古族更加团结。我们也要紧密团结在以习近平总书记为核心的党中央周围，坚持四项基本原则，维护国家的安定团结和和平统一，为祖国的社会主义建设而努力。我们要在各地党政部门的领导下，弘扬本民族的历史、文化和风俗习惯，并与各族人民一道，为祖国的统一和稳定，为祖国的经济社会建设作出应有的贡献！

最后，我谨代表××祭祖观光团的全体成员，向关心和支持这次活动的××政府表示感谢！向热情欢迎我们回归故里祭祖的××管理委员会表示感谢！向自始至终关注和支持这次活动的××电视台、××日报社等新闻媒体的领导和同志们表示感谢！对精心策划此次行程的××旅游公司表示感谢！

答谢来宾致辞

范文在线赏析

【致辞人】酒店总经理

【致辞背景】在酒店开业典礼上致答谢辞

尊敬的领导、来宾，各位业界同仁和朋友们：

大家好！

很兴奋，在今天这个特殊的日子里，我们能够相聚一堂，共同庆祝××大酒店隆重开业！首先，请允许我代表××大酒店的全体员工，向今天到场的领导、董事长和所有的来宾朋友表示衷心的感谢和热烈的欢迎！

××大酒店位于××市××区中心地带，集商铺、办公、酒店、餐饮、休闲、娱乐于一体，是按照四星级旅游涉外饭店的标准投资兴建的新型综合性豪华商务酒店。值得一提的是，它是本市首家客房内拥有干湿分离卫生间及景观阳台的星级酒店。其优越的地段、豪华的环境、优质的服务和智能化的配套设施，必将给您耳目一新的感受。它是顺应××市特大型城市建设发展的精品建筑，是××区的地标，也是各商家投资、置业、理财的新途径。

正如我们的董事长所说，××大酒店是"我们××人聪明和汗水的结晶"。它的筹划和诞生，倾注了我们××人的所有心血，凝聚了××全新的理念。欣慰的是，有这么多的朋友默默地关心和支持着我们，陪伴我们一路走来。其中，有××区领导的高度重视和政策指导，有我们××集团高层的殷切关怀和鼎力扶持，有社会各界朋友的热心帮助，等等。这些都让我们感激不已。

跨入新世纪，××市的现代化建设突飞猛进，××区也如火如荼。未来的竞争日益激烈，作为总经理——××大酒店的具体运营者，我深知自己肩负的重担和使命。我的一言一行、一举一动，都将和××大酒店乃至整个××市未来的建设、发展联系在一起。但是，困难与希望同在。这么多朋友的关心和指导，是支撑××大酒店存在并运作的信心和源泉！面对挑战，我坚信：××大酒店必将在市场上傲然挺立，拥有一席之地！为此，我将携全体工作人员，用良好的业绩回报各界，以不辜负领导、董事长和社会各界的期望！

　　同时，我们××大酒店全体员工，将坚持求变创新的开拓精神，和诸位业界同仁一起，全力以赴，共同致力于××区的建设发展，为××市进一步的繁荣昌盛添上辉煌灿烂的一笔！

　　正如我们××大酒店的宗旨所阐述的一样。我们要作好××市××区的地标和窗口，要奏响新区的最强音，要为我市人民创造一个永不落幕的新都会！

　　最后，我要感谢××区领导的莅临指导，感谢董事长于百忙之中亲临开业现场致辞！再次感谢各位朋友的光临！

　　谢谢大家！

答谢员工致辞

范文在线赏析

【致辞人】公司总裁

【致辞背景】在公司新春答谢会上致答谢辞

各位精英们：

　　辞旧迎新，公元××××年已向我们走来，我们即将携手踏上新的发展之路！在过去的一年里，感谢各级管理人员所有的付出和贡献。同时，还要感谢各个岗位的员工，因为他们身处一线，默默工作，付出了辛勤的汗水。

　　正是因为所有的人，支撑起了×××一片蔚蓝的天空。所以，××××因为每一位员工而精彩。谢谢大家！

天道酬勤。在过去的一年里，公司抓内部管理、寻找市场发展规模、完善管理组织机构、健全完善规章制度。正是大家的团结一致、齐心协力，推动了公司管理工作不断提升。

×××的成长目标是：发展连锁店规模，扩大市场知名度，提升品牌影响力；同时，提高内部管理水平，开发和储备专业技能人才，不断改革和创新，打造一支内外稳健扎实的职业化管理团队。

新的一年里，我们会面对更加激烈的竞争，同样会面对种种矛盾和阻力。但是，要想在本土的快捷酒店行业中标新立异、独树一帜，要想充分体现我们每个人的人生价值，要想充分享受到更高的回报，我们就必须要勤奋地学习，紧跟公司发展的步伐，坚持不懈地努力！因为这是大家眼前的现实，也是对×××所有员工的要求和期盼！

成功绝对不是偶然，而是必然的！机会是给那些有准备的人的。希望大家全身心地投入到各自的工作中去，勤奋地学习、睿智地思索，为×××的明天作出贡献。同时，我坚信：齐心协力，扬帆远航，×××一定会更辉煌！

在这新春佳节到来之际，祝大家新春快乐，心想事成！

答谢家属致辞

范文在线赏析

【致辞人】××县县委书记

【致辞背景】××××年干部职工家属答谢会

第七章　答谢辞

各位同事、各位家属：

大家上午好！

承载着××××年的累累硕果，我们迎来了充满希望的××××年。值此辞旧迎新之际，我谨代表××县委、县政府，向一年来辛勤工作在各自岗位上的干部职工们，向一直以来默默支持我们工作的各位家属表示节日的祝福和诚挚的感谢！

过去的一年，我们县在上级政府的正确领导下，在各级干部职工的奋力拼搏下，在各位家属的理解和支持下，经济发展取得了很大的突破。在经济发展方面，去年全县税收总额突破××万元，全社会固定资产达到×亿元，城乡居民人均纯收入均有大幅提升，主要经济指标全面超额完成。在县容县貌上，去年县财政投入数百万元，用于城镇基础设施和群众居住环境的改善，县容县貌发生了巨大的变化。这些成绩的背后凝聚着我们广大干部职工的汗水和泪水。而我们的家属在干部职工舍小家、顾大家时，默默地挑起了家庭的重担，作出了巨大的牺牲。我在这里再次向你们表示感谢！

今天，我们在这里举行干部职工家属答谢会，就是要感谢大家为我县的发展所作的巨大贡献。同志们，××××年，我们的任务将会更加艰巨，但我坚信，我们一定会克服所有的困难。我坚信，在我们的共同努力下，新的一年里，我们必将谱写出更加壮美的篇章！

答谢客户致辞

范文在线赏析

【致辞人】药业公司领导

【致辞背景】在公司年末举办的终端客户答谢会上致答谢辞

尊敬的各位嘉宾暨药界同仁：

在这辞旧迎新之际，我公司今天召开了××××年终端客户答谢会。请允许我代表外商独资经营药业有限公司，向各位的到来和一年来你们对我公司经营业务的支持表示热烈的欢迎和由衷的感谢！

××××年，在各位客户大力支持下，我公司的经营有了新的发展，这也更使我们对今后的市场前景充满了希望。我们将继续坚持"以质量求生存、以互利双赢求发展"的指导思想，积极与各位客户朋友真诚合作，进一步开拓市场、搞好销售服务。希望大家今后一如既往地给予支持，对我们的工作多提宝贵意见，使我们双方在××××年再创辉煌。

最后，再一次对各位一年来的支持表示衷心感谢！祝大家新年愉快，合家幸福，万事如意！

谢谢大家！

第八章

公务礼仪活动致辞

随着现代社会的快速发展，人们之间的交流越来越频繁。礼仪活动成了现代社会不可缺少的交际手段。礼仪活动有很多种，其中的一项便是公务礼仪活动。公务礼仪活动致辞，内容要简明扼要，感情要真挚、自然。

万能结构模板

礼仪活动致辞包括称谓、主体两个部分。

第一部分为称谓

称谓是对礼仪活动的参加者的礼貌称呼。从称呼上也要突出致辞的类型和种类。必要的时候要加上被称谓人的头衔和职位等。如在接见、会见时致辞,就要加上主要参加者的职位,像"尊敬的主席、副主席、各位委员,尊敬的×××副市长、×××行长,各位来宾、朋友们"等。

第二部分为主体正文

正文即说明礼仪活动举行的目的,首先为此活动仪式表示感谢、欢迎、庆贺等,如:"九月,是流金的岁月,收获的季节,满眼都是硕果累累,扑鼻而来都是果实飘香,双耳闻听处处捷报频传。在这个美丽的季节,我们相聚在风景秀丽的汉江河畔,隆重举行汉江大桥开工奠基仪式。

这是我镇经济社会发展中的一件盛事,是我镇加快发展步伐、建设旅游重镇的又一喜讯!在此,我代表全镇10万人民向在百忙中不辞辛苦前来参加奠基仪式的各位领导、各位来宾、各位朋友表示热烈的欢迎!"

之后介绍仪式相关进程、活动举行原因和主要内容,"近年来,

第八章　公务礼仪活动致辞　　183

我们充分发挥丰富的药材、木材、蚕桑、石材和旅游资源优势，坚定不移地走'强农稳镇、兴工富镇、促商话镇、旅游兴镇'的路子，经济发展的步伐明显加快，呈现了前所未有的良好发展势头，取得了显著成效，但是随着经济超常规的发展，基础设施建设滞后已严重制约了快速发展，特别是汉江漫水桥多年来一直阻碍了九资河发展，也给当地群众的生命财产带来了严重的威胁。在此时刻，县委、县政府审时度势，高瞻远瞩，从发展旅游产业高度出发，从解决群众息息相关的实际问题出发，在财力十分紧张的情况下，毅然决定投资200万元兴建汉江大桥，实现了广大群众多年的心愿。

今天，汉江大桥工程建设项目已破土动工了。各工程部门要尽心竭力提供各种优质服务，努力为大桥建设营造一个宽松的施工建设环境……"

最后，以给参与者送去祝福的话作为结尾，并提出希望等。"最后，衷心祝愿大桥建设工程早日竣工！谢谢大家！"

工程竣工致辞

范文在线赏析

【致辞人】县领导
【致辞背景】在某县年度重点工程竣工仪式上致辞
尊敬的各位领导、各位嘉宾，女士们、先生们：
涪江河畔歌如潮，子昂故里传捷报。值此我县被省委、省政府确定为丘区示范县一周年之际，我们在这里隆重举行我县××××

年度重点工程竣工仪式。首先，我谨代表县委、县人大、县政府、县政协和百万××人民，向莅临××的各位领导、各位来宾表示诚挚的欢迎和衷心的感谢！向竣工的业主单位表示热烈的祝贺！向为工程建设付出辛勤努力的同志们表示亲切的慰问！

一年来，我们紧紧抓住建设省级示范县的历史机遇，着力加快示范县建设，全县呈现出经济发展、政治和谐、社会进步的良好局面。这次竣工开工的重点工程就是其重要标志。

举行这次重点工程竣工仪式，是对一年来我县示范县建设的大总结，是对重点工程的大检阅，对对外形象的大展示。借此凝聚人心，鼓舞士气，再掀示范县建设新高潮！

各位领导、各位朋友，我们深知，这些成绩的取得，饱含着广大干部群众的辛勤汗水，以及各位领导的心血智慧，凝聚着八方朋友的倾情关注，你们对这方热土的眷顾和关爱将永载史册。我们坚信，有省市的正确领导，有各级的大力支持，有社会各界的热心帮助，有××人民的艰苦奋斗和雄心壮志，××一定能够继往开来，创造更加辉煌的业绩！建设示范县、率先达小康的宏伟目标一定能够顺利实现！

最后，祝各位领导、各位嘉宾在××期间心情愉快，幸福安康！

谢谢大家！

第八章　公务礼仪活动致辞

接见与会代表致辞

范文在线赏析

【致辞人】××省委领导
【致辞背景】在"海峡两岸职工发明人论坛"接见会上致辞

各位发明人代表：

大家好！

在举办"海峡两岸职工发明人论坛"之前，我与各位发明人代表会个面，代表省委、省政府向各位问好，欢迎各位来到海峡西岸经济区，参加"中国·海峡项目成果交易会"，同时感受海峡西岸经济区蓬勃发展的生机与活力。

"××要成为科学发展的先行区和两岸人民交流合作的先行区。"这是省委、省政府提出的今后五年工作总体要求。××有独特的地理优势。在促进祖国和平统一大业中发挥着越来越重要的作用。今天举办的"海峡两岸职工发明人论坛"就是探讨如何以发明为媒扩大两岸交流，如何让发明为两岸人民造福。

第六届"中国·海峡项目成果交易会"昨天开馆后，中央部委领导、省领导、两院院士和有关专家到全国总工会、××省总工会设立的"海峡两岸职工创新成果展"区进行了指导、观摩和点评，对海峡两岸职工的小发明、小创造备感兴趣，认为这些项目既贴近百姓生活，又有较高的技术含量，创新内容也多，同时投资成本少、投资风险小、市场前景广阔。"海峡两岸职工创新成果展"区成为整个展城人气最旺的展区之一。

在广大职工发明创造的项目中，有不少蕴藏着巨大的潜力，前景无限。小产品有大市场，一个小小的产品，看似普普通通，却能做成大产业，闯出大市场。在发明创造的道路上，关键是认清发明创造的本质，不断培养自己的自信心，开发自己的创造力，这样才会不断地取得发明创造成果。莫因其"小"而不愿为，也不因其"大"而不敢为。作为世界上最古老的科技文明古国，我们曾经有过让所有中国人自豪的四大发明，但今天，我们必须面对现实，承认差距，发愤图强。我们应更多地宣传发明，宣传发明人的事迹，让广大公众了解发明的过程，了解发明对建设自主创新型国家的意义，发挥榜样示范作用，引导全社会都投身到发明创造之中。

非常欢迎大家来参加这个论坛，欢迎大家为这个论坛献言献策。

谢谢大家！

会地外国代表团致辞

范文在线赏析

【致辞人】××市委常委代表
【致辞背景】××市委常委会见日本青年代表团

尊敬的××团长，青年朋友们：

大家下午好！

首先，我代表中共××市委、××市人民政府对各位青年代表

第八章　公务礼仪活动致辞

的到来表示热烈的欢迎，欢迎你们来到这座美丽的城市！在这里，请允许我为大家介绍这座美丽的城市。

我市共5个城区、3个郊区、10个县，总面积××××平方公里，人口×××万，是我国历史文化名城之一，是一座集深厚文化底蕴与现代时尚气息于一体的城市。（城市风情简介）

近年来，在省政府的大力支持下，我市发展势头迅猛，已经成为我国西部地区经济、文化、科技、交通运输中心。此外，我市一直重视生态环境的建设，目前已成为中国最适合居住的城市之一。我市与日本××市在××××年结为友好城市，××余年来，两个城市联系紧密，交流频繁，在多个领域都有着深入的合作，彼此之间建立了深厚的友谊。这次根据中日青年友好交流计划，在中华全国青年联合会的邀请下，日本青年代表团来到中国并访问我市，我们感到非常荣幸。希望借此机会，我们能够加深对彼此的了解，为今后的合作交流打下良好的基础。

中国和日本在亚洲乃至世界上都有着重要的影响力，中日友好关系要面向未来、面向年轻人。今天，中日两国青年在此相聚，他们展现出的激情和活力，让我们看到了两国关系美好的未来。希望两国青年朋友能够增加对中日友好历史和两国发展现状的了解，不断加强中日友好关系。

最后，预祝代表团在我市交流访问期间生活愉快，并祝愿大家能在这座城市玩得开心，玩得尽兴！

谢谢大家！

接见驻外使节致辞

范文在线赏析

【致辞人】舟山市领导

【致辞背景】在文化节会见驻外使节时的讲话

尊敬的各位使节及夫人,尊敬的××秘书长,各位来宾,女士们、先生们:

大家下午好!

今天,我们相聚在魅力的海天佛国、渔都港城。我有幸向在座的各位使节、各位朋友,介绍舟山及普陀山。

舟山地处中国东部沿海,是中国第一大群岛,是我国唯一以群岛设立的地级市。舟山有着悠久的历史和深厚的文化底蕴,有着独特的自然和人文景观,有着优良的海洋资源。近年来,我市依托丰富的自然和文化资源,形成了以佛教文化、旅游休闲、健康美食为支柱的特色产业。

我市最著名的景区是普陀山,它同四川峨眉山、山西五台山、安徽九华山并称为中国佛教四大名山,是我市1390个岛屿中的一座小岛。作为国家首批重点风景名胜区和浙江省唯一的ISO14000国家示范景区,普陀山素有"海天佛国"的美誉。

普陀山风光秀丽,空气清新,被誉为"第一人间清净地"。岛上树木茂密,花香遍野,素有"海岛植物园"之称。岛四周白浪环绕,渔帆竞发,青峰翠峦、银涛金沙环绕着大批古刹,构成了一幅幅美丽的画卷。

佛教四大名山，都各以山之伟、山之雄、山之峻见长，唯有普陀山有山有水，山在水之中，水在山之围，以山之秀、水之灵鹤立群山。古人曰："仁者乐山，智者乐水。"佛教四大名山中，唯有普陀山能满足所有人的需求。现在，大家想象一下"海上有仙山，山在虚无缥缈间"这样的场景，这是多么美的意境！

任何的言语都道不尽普陀山的神奇和神秘，还是请大家去亲身体验吧，你们一定会在一饱眼福的同时，深切地体会到普陀山独具一格的魅力。特别是明天即将开幕的第3届南海普陀山观音文化节，更是观音道场千载难逢的一大盛事。

借此机会，我们热诚欢迎更多的海外朋友到我市考察、投资，到普陀山观光旅游，最后，祝在座的各位身体健康，家庭幸福，万事如意！

"国际残疾人日"致辞

范文在线赏析

【致辞人】区残联领导
【致辞背景】在区残联庆祝国际残疾人日活动中致辞
尊敬的省残联领导，尊敬的××区委、区政府领导、同志们：
下午好！

在国际残疾人日即将到来之际，××区政府残工委、区残联隆重召开庆祝表彰会议，对在全国社区残疾人工作示范城区以及全国专门协会试点区的创建活动中表现突出的集体和个人进行表彰奖励。在此,我代表市残联向受表彰的先进集体和个人表示热烈的祝贺!向关心、支持残疾人事业的区委、区政府和各部门领导表示衷心的感谢!向与会的残疾人朋友并通过你们向全区的残疾人及其家属致以真挚的问候!

残疾人是特殊困难的群体,是社会主义大家庭的重要一员;残疾人事业是文明崇高的事业,是中国特色社会主义事业的重要组成部分。关心残疾人,发展残疾人事业,满足他们日益增长的物质和文化需求,使他们享受物质文明和精神文明建设的成果,是经济和社会协调发展的客观要求,是各级政府的重要责任,也是全社会应该关心的大事。

广大残疾人的命运同社会主义祖国的命运紧密相连,同我市经济社会的发展紧密相连。让我们行动起来,坚持以人为本,开拓进取,扎实工作,共同用助残爱心推动社会文明进步,构建和谐××,让我们和广大残疾人一起共创美好未来。

招商引资签约仪式致辞

范文在线赏析

【致辞人】市领导
【致辞背景】在项目签约仪式上致辞

尊敬的各位领导、各位来宾、朋友们、同志们:

今天,我们满怀喜悦的心情,参加××集团在××建设总投资

第八章　公务礼仪活动致辞

××亿元××项目签约仪式。首先，我代表××市委、市政府向项目的正式签约表示热烈的祝贺！对前来参加仪式的各位领导、各位来宾、朋友们、同志们表示衷心的感谢！

××集团是全国民营500强企业之一，不仅实力雄厚，技术先进，还具有创业精神和发展潜力，先后创造了一系列的辉煌业绩。这次，集团高层以敏锐的眼光和卓越的胆识，经过充分的市场调研和科学周密的分析论证，决定在××建设总投资××亿元××项目，形成年产××的生产规模，这无疑是××集团发展史上的一个新的里程碑。××亿元××项目的建设，对于发挥我市资源优势，壮大煤化工产业，推进新型工业化进程，具有十分重大的意义。

××市是××省重要的旅游观光地区，总面积××××平方公里，人口××多万，境内交通便利，自然资源丰富，属国家能源重化工基地和农业综合开发区，已形成以煤炭、电力、建材、冶金、电子、轻纺、化工、医药等为支柱的工业体系，并正在成为花园城市和区域性中心城市。今年以来，我市以"在全省率先实现小康、率先实现工业化"为目标，围绕食品加工业基地建设、先进制造业基地建设、基础能源基地建设，举全市之力招商引资，借助外力加快发展，全市招商引资的领域越来越广，项目越来越多，规模越来越大，质量越来越高。全年到位市外直接投资达××亿元，其中落实超千万元项目××个，事实证明，××正在成为各路客商投资兴业的热土。

××项目落户无疑是我市招商引资的又一重大成果，市委、市政府将把这个项目作为全市工作的一个重点，坚决树立政府就是服务、领导就是服务、权力就是服务的思想，千方百计为项目单位服好务，全力支持项目的建设与发展，确保项目早日建成投产。

各位来宾、同志们，让我们共同祝愿：××项目的明天更美好！××市的明天更美好！

企业签约仪式致辞

范文在线赏析

【致辞人】搜狐首席运营官

【致辞背景】在上海电影集团公司与搜狐的签约仪式上致辞

尊敬的许总、尊敬的各位嘉宾：

大家好！

非常荣幸能够代表搜狐公司作此发言。感谢大家来到这里一起见证上海电影集团和搜狐公司的战略牵手时刻。相信这将会是新媒体发展和转动电影产业的一个新开始。

从上海电影制片厂到上海电影集团公司，一代又一代的上海电影人用自己的热情与努力为这片土地贡献出无数灿烂光辉的电影篇章。如今，这种对于电影的热情依旧在这个城市里传承着，在上海电影集团公司各个角落和作品中显现着，走进上海电影集团就能感觉中国电影历史沉淀的厚重。关于我们之间的合作许总刚才阐述得非常好。从互联网媒体，从新媒体在中国的发展情况来看，大家很容易看到一个规律，中国的互联网媒体第一代是一个信息的平台，是一个媒体特征明显的时代，这个时代，搜狐公司是非常明显的代表。

第二代成熟的行业是娱乐的行业。我们非常相信，我们电影产业在目前中国的整体环境下它的价值远远被低估了，这种低估有其他方面因素的影响，也有新媒体在新的环境、新基础条件下的一些

第八章 公务礼仪活动致辞

影响。一些好的、积极的因素没有充分地被挖掘出来。所以，搜狐公司在战略上非常重视在电影方面的发展。

在这种大的背景下，我们需要同一个中国非常优秀的合作伙伴一起来做这方面的事情。在过去，搜狐公司跟上影集团有过很多的合作，比如去年上海电影节，包括《大灌篮》，包括今年马上要进行的《苦竹林》的合作，还有很多"牵小手"的合作，相信今后在媒体类型的合作上面，我们会合作得更好。从未来发展角度讲。我们希望在娱乐这个新的领域不仅单纯地发挥宣传报道的作用。在娱乐领域。在维护中国的知识产权领域，双方的合作将取得更大的成就，希望我们的合作取得深刻圆满的成功！

谢谢各位！

成立挂牌仪式致辞

范文在线赏析

【致辞人】市领导
【致辞背景】在人民政府政务大厅成立庆典仪式上致辞

同志们：

××市人民政府政务大厅，经过各有关部门的紧张筹备，今天正式启动运行了，这是我市推行"阳光行政"，推进政务公开，加快行政审批制度改革，努力营造良好环境的具体体现。在此，我代表市人民政府表示热烈的祝贺！市政府政务大厅既是政务公开的一个窗口，又是政府与各方投资者和广大人民群众密切联系的桥梁和纽带，也是进一步实现"服务型"政府的实践和探索，工作目标是以建立科学规范、廉洁高效、公平公正、监管有力的行政审批制度为重点，以简化程序、讲求时效、规范收费、营造环境为手段，以公开政务、招商引资、方便群众、释疑解难为内容，实行一厅式办公、一条龙服务，并联式审批，全过程公开，规范化管理的运行机制，尽可能地为人民、为社会提供优质高效服务。

首批进驻大厅的××个部门，都是具有一定行政审批职能的部门，各部门经过分析、筛选，把与项目审批、证照办理、便民服务有关的××项服务事项纳入大厅，统一开展窗口服务，并实行服务事项、办理程序、政策依据、申报资料、承诺时限、收费标准"六公开"，接受社会和人民的监督，充分说明，政府职能在逐步转变，行政审批制度改革逐步推进，政府就是服务的形象逐渐深入人心。希望各部门要与大厅办公室密切配合，进一步研究。如何把大厅向社会公示的服务项目落到实处，如何改进工作作风，提高工作效率，以最短的时间、最简捷的过程、最完美的结果，达到人民满意、社会满意、政府满意的目的，真正使政务大厅与广大人民群众之间建立一种信息通道。一方面，促进政府各部门提高办事效率；另一方面，通过窗口服务，进一步密切干群关系，增强相互了解和信任，消除群众对政府工作的某些误解，也使一地群众关心的问题及时得到解决。

政务大厅工作人员，肩负的责任重大而光荣，你们的一言一行、一举一动既代表各部门的形象，同时也代表市政府的形象。大家一定要有全局观念，大局意识，要模范执行大厅的规章制度，接受监督管理；要认真坚守岗位，勤奋学习，依法行政，兢兢业业搞好诚信服务；要既来之，则安之，恪尽职守，当好公仆，为人民服好务，站好岗，决不能抱有应付差事的思想，在大厅躲清闲，混日子，要有在大厅干一番事业的心理准备和具体行动。各部门要对驻厅人员多关心、多支持、勤过问，大厅办公室要高标准、严要求，

第八章 公务礼仪活动致辞

凡来大厅的工作人员必须是思想品德好、业务过硬的骨干力量，没有特殊原因一般不能随时调整，评先、创优、晋级要以大厅考核为主要依据。希望大厅窗口的所有工作人员都争当优秀公务员。

政务大厅办公室，作为协调管理机构，要团结带领全体工作人员，内抓管理，外塑形象，规范办公，文明服务，要进一步协调好进厅各部门的工作关系，监督驻厅工作人员正确履行职责，严格考核管理，力争把政务大厅办成一个"便民、高效、廉洁、规范"的文明服务窗口，为全市对外开放，招商引资，发展经济，营造良好的环境，为努力实现"三增一稳"的奋斗目标作出积极贡献！

希望各级领导、各有关部门和社会各界继续关心、支持政务大厅的工作，同时，也祝愿市人民政府政务大厅越办越规范，越办越红火！

谢谢大家！

烈士纪念碑园奠基仪式致辞

范文在线赏析

【致辞人】区领导

【致辞背景】在烈士纪念碑园工程开工奠基仪式上致辞

各位领导、同志们：

经过本区民政、国土等有关部门的精心筹备，今天烈士纪念碑园工程开工了，这是××各族人民的一件大事。我代表四大班子领导对工程的顺利开工表示热烈的祝贺！

修建烈士纪念碑园是区委、区人民政府承诺为民办的十件实事之一。修建××区革命烈士纪念碑园的目的就是铭记革命先烈的丰功伟绩，号召全区人民学习先烈热爱祖国、以青春和生命报效祖国的崇高精神，激发全区人民奋力拼搏建设新××。碑园设计集爱国主义教育和旅游、休闲为一体，总占地面积××亩，预计总投资×××万元。为建好烈士纪念碑园，区委、区人民政府多次组织召开专题会议讨论碑园建设有关事宜。多方筹措资金，各有关部门积极配合，狠抓落实，做了大量的前期工作，在此，我代表区委、区人民政府对在项目筹建过程中付出艰辛努力的有关部门，以及一直以来关心支持建设烈士纪念碑园的社会各界人士表示衷心的感谢。

××区具有深厚的爱国主义根基，在这片红土地上，在中国革命和社会主义建设事业中，先后有×××名优秀儿女为中国革命事业和社会主义现代化建设事业献出了宝贵生命。今天，我们生活在安定和平的年代，这是先烈们用鲜血和生命换来的，我们要珍惜这来之不易的幸福生活，开拓进取，扎实工作，团结奋进，为实现富民兴区新跨越作出应有的贡献。

希望施工单位要以百年大计为理念，抓紧施工，高标准、高质量完成工程建设任务。

希望各有关部门认真履行各自的工作职责，共同协调解决好工程建设过程中出现的困难和问题，确保项目建设顺利开展，力争早日把纪念碑园建设成为真正具备旅游、休闲等多功能的公园式的爱国主义教育基地，成为我区城镇化建设的一个新亮点。

最后，预祝烈士纪念碑园工程开工顺利，早日圆满竣工！

谢谢大家！

第八章　公务礼仪活动致辞

学校与企业签约仪式致辞

范文在线赏析

【致辞人】××学校书记
【致辞背景】××学校与××公司合作框架协议签约仪式

尊敬的××总经理，各位来宾，朋友们：

大家好！

今天是一个值得纪念的日子，我们学校与××公司合作框架协议签约仪式即将举行。在此，我谨代表学校党政班子对协议的签订表示热烈的祝贺，向出席签约仪式的各位领导和嘉宾表示热烈的欢迎。向一直以来关心和支持我校建设与发展的××公司领导和各部门领导表示衷心的感谢！

随着社会经济的发展，高校与企业建立全面的合作关系变得越来越重要。通过这种深层次合作，校企双方能够进一步发挥各自优势，实现资源共享。这项工作是促进地方经济建设的重要举措，得到了市委、市政府的充分肯定，也得到了全校师生的支持。

我校自建校以来，就以"依托地方、服务地方"为办学宗旨。大力培养应用型人才，在科学研究上强调和地方、企业的横向合作，设置了一大批能够直接服务于地方经济发展的特色学科。近几年来，我校综合办学实力、社会声誉不断提升，已逐步发展成为××地区重要的人才、科教、文化基地。

近几年来，我校与××公司一直有着密切的合作，根据"资源共享，优势互补，互相合作，共同发展"的原则，我们与××公司签订了校企合作框架协议。这标志着双方的合作走上了新的征途，有利于实现双方的共赢。

根据合作框架协议，我校将以校企联合为载体，根据合同项目制订周密的实施方案，努力创建科技成果转化的最佳平台，积极满足××公司发展的需要。学院为企业发展输送人才，企业为学校人才培育提供实习基地，从而不断拓宽合作领域和合作渠道，共创双赢局面。

最后，真诚祝愿我们合作愉快，祝贵公司事业蒸蒸日上，祝各位朋友工作愉快、身体健康！

谢谢大家！

第九章

岗位变动致辞

好的竞选致辞可以更好地向别人展示自己、"推销"与打造自己，从而获得更多的机会和支持者。岗位变动致辞一要体现出致辞人积极乐观的态度，具体内容可以根据岗位变动后的工作内容合理安排。

万能结构模板

随着我国民主政治建设的逐步完善,领导干部的人事任免也得到了重视。在我国,目前实行的是公开选拔领导干部制度和领导职务任期制。一般来说,在这个制度环境中,一个领导干部在其任职周期内,关于其岗位变动的致辞大体可分为竞聘致辞、就职致辞、离职致辞及调动致辞。

领导干部的岗位变动致辞,作为其职务活动的不可缺少的组成部分,其重要性是不容忽视的。好的竞聘致辞可以更好地展示自己、"推销"自己,让听众了解自己,从而获得更多的支持者,实现自己的理想;就职致辞,是开展工作的敲门砖,此类的致辞应能说明自己的责任、施政纲领和自己要为大众做的事情,提出自己的工作设想和希望,表示自己的决心,同时也是对下属的一种表态和承诺,并获得下属的信任和支持,对于将来工作的开展大有裨益;离职和调动致辞则是回顾过去,展望将来,感谢同志,表达谢意。提出希望。本章即对上述几种致辞的技巧作一些介绍。

一般来说,领导干部的岗位变动致辞须包括以下几个部分。

第一个为开头部分

开头部分要明确自身的职务,即告知大家自己所竞聘或供职的具体的岗位。开头部分一般也包括两个方面的内容:称谓和致谢。称谓的选择可以针对某些具体的人员,如"某某书记""某某主

第九章　岗位变动致辞

任"，也可以是泛指性的称谓，如"各位领导""各位同事"等。在称谓之后和正文开始的中间部分，一般须用一两句的致谢语作为礼节性的表示，一来可以作为过渡，二来可以显得谦虚谨慎，引起相关人员的好感。如：

"主任、副主任、各位代表：

非常感谢大家对我的信任，选举我做市人民政府的市长，我深知这个选举结果的分量，因为它包含着×××万人民的重托。"

第二部分为正文部分

正文部分为岗位变动致辞的主体部分，要突出致辞的主题。在正文中，应将自身的自然情况、工作情况、施政纲领等作相应的阐述。具体说来：

1. 自然情况。应包括自身的姓名、出生日期、政治面貌、学历情况、现任职务职称、履职经历等情况。自然情况的阐述应简洁、翔实。

2. 工作情况。竞聘者和就职者应就自身经历、学识、综合素质等方面的能力作以阐述，突出自身在某一岗位中做好工作的优势，离职或调动等应总结工作的经历，成绩和不足之处均应得到体现。

3. 施政纲领。对于竞聘者和就职者而言，主要是对于被聘任后的工作目标、相关措施以及达到怎样的结果等的设想。离职或调动人员的致辞此部分可包含在对于工作情况的总结之中。

第三部分为结尾部分

结尾是整篇致辞的结束部分。应讲究如"豹尾"般有力，一定要简明扼要，并且呼应文中的内容，切不可言尽意即穷，一定要立意高远。在结尾的部分升华整篇致辞的主题。如：

"××人才济济，思想解放的程度也比较高。只要我们上上下下团结一致，一心一意搞建设，齐心协力谋发展，××的事业就会更好，××人民建设全面小康社会的目标就一定会早日实现。"

又如：

"尊敬的主任、副主任、各位常委，我市是农业大市，水利兴则农业兴，农业兴则社会稳。组织上安排我为水务局局长人选，我如履薄冰，但我也充满信心。如果人大常委会任命我到水利战线去履行新的职责，我决不辜负大家的信任，决不辜负组织的期望，决不辜负人民的重托。我将以此为起点，艰苦奋斗，埋头苦干，为党和人民的事业极尽绵薄之力；若人大常委会今天不能通过对我的任命，我也决不气馁，坚决服从组织上的安排。谢谢大家！"

高速公路公司领导就职致辞

范文在线赏析一

【致辞人】××领导

【致辞背景】就职仪式

同志们：

省委领导安排我担任高速公路公司××领导一职，是对我的巨大信任，我也深感这份担子的沉重。

我在省高速公路系统已经工作了十几个年头，得到了许多领导和同事的支持和帮助，正是有了你们的帮助，我才有了今天的成就。在这里，我要对一直以来帮助、信任我的领导表示感谢，对与我朝夕相处了十几年的同事表示感谢，对默默支持着我的家人、朋友表示感谢，对给了我发展、进步平台的高速公路局表示感谢。现

第九章 岗位变动致辞

在，我肩上的担子更重了，我要从前任的手中，接过高速公路事业发展的"接力棒"，对此，我深感使命光荣、责任重大。

高速公路事业能否发展好直接影响着富民强省的目标能否实现，可以说高速公路事业的发展具有举足轻重的地位。当前我省高速公路事业发展势头良好，我们要趁着这大好的势头，抓住机遇，紧跟省委、省政府的步伐，调动广大干部职工的工作积极性，积极进取，开拓创新，开创我省高速公路事业的新局面。

就职后，我会不断提高自己的政治理论素养，同时带领我局干部不断提高业务水平。我相信，在省委、省政府的领导下，在全局干部职工的努力奋斗下，我们一定能做好每一个项目的建设工作，打造出更多精品工程。

高速公路事业发展的道路是曲折的，前途是光明的。我一定会在这个岗位上，挑好重担，开拓进取，为我省高速公路事业的发展贡献全部的力量。

最后祝大家工作顺利，万事如意！

范文在线赏析二

【致辞人】××领导
【致辞背景】就职仪式

尊敬的各位集团领导、省高的各位领导和各位员工：

大家好！

感谢组织上安排我来省高速公路公司工作。非常高兴能够得到与大家共事的机会。我一定不会辜负领导和同事们对我的信任，努力做好本职工作。

在××工作时，我便得到了各位领导和同事的帮助，借今天这个机会，我向大家表示由衷的感谢！虽然之前大家都是在集团内部工作，但是今后我们将会更加亲近，联系也会更加紧密，希望大家在以后的工作中能够一如既往地支持和帮助我。

我为能够来到省高速公路公司工作而感到荣幸,有以下几个理由:

第一,我省高速公路公司在交通集团中的地位举足轻重。无论在规模上,还是在经济效益上,我省高速公路公司在行业内都有着极强的影响力。我来这里工作,能迅速提高我的协调能力和管理能力,对我来说是个难得的锻炼机会。

第二,我省高速公路公司拥有自己的品牌。从成立至今,高速公路公司无论在投资领域、金融领域,还是在工程建设领域都取得了骄人的成绩,打响了自己的品牌,得到了广大客户的认可。

第三,我省高速公路公司拥有团结、进取、务实、向上的工作作风。从上级领导到普通职工,每个人都具备优良的工作作风。有这样一支高素质的团队做保障,我们定能够攻克难关,再创佳绩。

这一切的有利条件让我感到来这里工作万分荣幸,但投资、管理工作经验的缺乏也让我心生忐忑。但是,我相信在各位领导与同事的帮助和支持下,我能够尽快熟悉我的工作,担负起我应负的责任。

面向广大干部职工郑重承诺,我将坚决服从省交通集团的正确领导,要以前任××同志为榜样,继续发扬前任××同志的奉献精神,埋头苦干,勇担重任,为高速公路系统培养一支能够不断学习和超越自我的高速公路新队伍,确保我省高速公路事业得到又好又快的发展。

最后祝大家工作顺利,身体健康!

第九章　岗位变动致辞

竞聘法院领导致辞

范文在线赏析

【致辞人】来自××法院的竞聘者
【致辞背景】在××法院副院长竞聘会上致辞

各位领导、各位同志：

大家好！

今天我怀着激动的心情，在这里参加法院副院长的竞职致辞。非常感谢市委、市政府和××党委给予的这次公平竞争、交流学习与展示自我的机会。能够在此就自己的个人能力、优势以及今后的工作思路，向各位领导和同志作以汇报，我感到万分荣幸。

根据本人实际情况，对于法院副院长这一职位，我认为自己具有以下五个方面的任职优势。

一是事业改革面前有股"闯劲"。我一直把"爱岗敬业、开拓进取"作为自己的座右铭，无论干什么，都把事业放在心上，责任担在肩上，尽职尽责，埋头苦干，全身心地投入。当前，我院正处于改革和发展的关键时期，缩头不前不行，求稳怕乱不行，工作不怕干，要的就是一种敢闯、敢做、敢为的精神。

二是在困难压力面前有股"韧劲"。我特别喜欢毛主席的一句话，"什么叫工作，工作就是斗争"，"我们是为解决困难去工作、去斗争的。越是困难的地方越是要去，这才是好同志"。我一直认为，困难与希望同在，挑战与机遇并存，在困难和压力面前，只要有良好的心态、坚韧不拔的毅力、不屈不挠的韧劲和冷静科学的处理方法，劣势总会变优势，不利总会变有利。

三是业务管理面前有股"钻劲"。在长期的法院工作中，经过多年的学习，我在客观上丰富了见识阅历，在主观上增强了管理经验，在实践中提高了领导能力。多年的努力，使我感到自己在思想政治工作中积累了一套较为成熟的思路与方法，在管理和改革中也有自己的见解和方法。

四是大是大非面前有股"正气"。我认为，"正气"是一名法官的最基本的素质。无论是在生活中，还是在工作上，我都要求自己把握好最基本的做人原则，坦坦荡荡，老老实实做事，诚诚恳恳、实实在在待人，时刻坚持实践是检验真理的唯一标准，不利于团结的话不说，有损于团结的事不做，要保持中青年人的朝气与活力，更要保持基本的原则和分寸，心底无私天地宽。

五是年富力强，具有较高的政治素质。我可以自信地说，年龄是我这次竞争的显著优势。作为中青年人，我思想解放，勇于探索，开拓进取，富有改革和创新精神。特别是近几年的学习和实践，使我拓宽了思路，开阔了眼界，增强了大局观念，丰富了宏观管理经验，提高了分析、综合、决策能力，组织协助和领导能力也有了很大程度的提高。我相信，拥有强烈的事业心、责任感和旺盛的精力，我一定能够全身心地投入到今后的工作中去。

在此，如果有幸得到各位领导和各位同志的信任和支持，我将迅速找准自己的位置，尽快进入角色，认真履行职责。在今后的工作中，我决心做到：强化"五个意识"、继承和发扬"四种优良传统"、深化三项改革。（略）

由于时间有限，在此，我只能简要地介绍了一下我的初步想法和打算。如果我这次有幸竞选成功，我将不辱使命，以最短的时间、最有效的办法，全身心的精力，积极投入到新的工作中去，为我院的发展贡献自己的青春和力量。当然，个人的能力和水平终究是有限的，但我相信，在领导和同志们的支持和帮助下，勤能补拙。我愿意"笨鸟先飞"，只要我能像愚公一样，每天挖山不止，就一定会有成效。如果这次竞争落选，说明我在这些方面与这个职位的要求还存在一定的差距，对此我将正确对待，把这次竞选作为一次锻炼自己能力、寻找自身差距与不足的机会，在现在的工作岗位上，一如既往，更加努力地做好本职工作，珍惜每一次机会，争取更大的进步，不辜负领导和同志们的理解和信任。

谢谢大家！

竞聘招商局领导致辞

范文在线赏析

【致辞人】竞聘者

【致辞背景】在招商局副局长的竞聘会上致辞

尊敬的各位领导、各位同志：

大家好！

很荣幸能够参加今天的竞聘，今天，我本着挑战自我、展示自我的目的走上竞职演讲台，感谢各位领导多年来对我的教育和培养，感谢在座各位同志对我的支持和信任。

我叫×××，中共党员，本科文凭，××××年参加工作，先后担任教育系统团委书记、教育局少先队总辅导员，目前借调到政府办公室工作。为了锻炼和提高自己，实现人生的自我价值，今天，我来参加招商局副局长职位的竞选，我的信心主要来源于以下几方面：

第一，思想进步，政治坚定。我服从党的领导，在日常行为中严格地要求自己，以积极向上的世界观、人生观、价值观指导自己的工作和学习，本分做人，踏实做事。

第二，虚心好学、开拓进取的创新意识。我虚心学习，于××××年在××××学校学习，取得了文凭，并且通过不断学习，丰富了自己的政治理论及业务知识，可以说目前我基本上能够处理和解决业务工作中出现的各类问题。另外，我思想比较活跃，精力旺盛，工作热情高、干劲足，接受新事物比较快，勇于实践，具有开拓精神和昂扬的斗志。

第三，兢兢业业、踏踏实实的敬业精神。我能以饱满的热情投入到本职工作中去，工作上勤恳认真，严谨负责，尽心尽职，毫无怨言。我爱岗敬业，工作踏踏实实，兢兢业业，一丝不苟，不管干什么从不讲价钱，更不怨天尤人，干一行，爱一行，总是努力把工作做得最好。

第四，认认真真、求真务实的工作作风。求真务实的工作作风，养成了我遇事不含糊，办事不拖拉的工作习惯，造就了我不唯书、不唯上，只唯真、只唯实的工作态度。

第五，一定的管理能力。我在教育局工作期间，从事学校思想政治日常管理工作。在工作期间，积累了一定的管理经验，自身的整体素质和综合能力都得到了加强，这对我在今后的工作中，如何正确处理和解决各类问题，提供了丰富的实践经验。

假如我能够竞聘成功，我认为这不仅是一种权力，而且还是一种职责，为了履行这一职责，对自己就要提出更高的要求：

首先，加强学习，全面系统地掌握相关法规和业务知识。古语云："不积跬步，无以致千里；不积小流，无以成江海。"为此，我要时刻注意提高自身综合素质，不断以新知识、新理论充实自己。尽快地熟悉业务，进入角色。

其次，扎实工作，锐意进取。既发扬以往好的作风、好的传统，埋头苦干，扎实工作，又注重在工作实践中摸索经验、探索路子，和大家一道努力把我区的招商引资工作做好，抓出成效。

再次，摆正位置，当好助手。在工作中我将尊重局长的核心地位，维护局长的威信，多请示汇报。

如果我能成功当选，我会不辱使命，兢兢业业，践行我的竞聘承诺，用实际工作来回报党和人民。

谢谢大家！

竞聘党校领导致辞

范文在线赏析

【致辞人】党校副校长竞聘者

【致辞背景】在公开竞选党校副校长会上致辞

各位领导、各位评委：

你们好！

今天，我竞职演讲的主题是"与时俱进、拓宽思路，为争创一流党校再建新功"。下面我向各位领导、评委介绍一下个人情况。（略）这次竞选××党校副校长我具有三个方面的优势：

第一，具有扎实的理论功底和政策水平。参加工作以来，我利用党校学习气氛浓厚的优势，始终加强理论学习，勤于钻研，先后承担过中青年干部培训班、科级干部进修班及中央党校函授大专班、本科班等班次的教学任务，取得良好的教学效果，有七篇论文在省级刊物上发表。

第二，具有较强的个人素质和工作能力。从××××年开始我一直负责党校办公室工作，作为校领导的助手，具有较强的文字综合能力、组织协调能力、驾驭全局能力。在办公室人手较少和教学行政工作一肩挑的情况下，较好地完成了各项工作，使党校办公室连续×年获得较先进科室称号，本人也获得"党校系统先进工作者""优秀教师"等荣誉称号。

第三，能坚持原则，顾全大局，勇挑重担。今年市委大规模选派干部到贫困村、落后村、条件艰苦的村挂职。党校也有一个名额，到一个连柏油马路都没有、负债累累的落后村一待两年，大家都有畏难心理，谁都不愿意去。在这种情况下，组织找我谈话，希望我能下派挂职，说实话，当时我也犹豫过，徘徊过，一方面下派挂职条件很艰苦，任务比较艰巨，另一方面当时我孩子才七个月，并且妻子已在教育学院脱产进修。家里困难比较多。但为了大局，为了集体荣誉，我毅然选择了下派挂职。我的下派挂职工作得到村民的广大好评，也得到市委、市委组织部的肯定。下派挂职磨炼了我的意志，坚定了我的信念，使我领导能力、组织协调能力、独当一面能力都有了很大的提高。

以上优势决定了我能适应党校副校长这个职位，如果这次竞聘成功，我将从以下几个方面做好工作：

一是以身作则，当好党校改革的排头兵。着眼未来。党校工作既面临着新的形势和任务，又面临着新的机遇和挑战，我认为党校要与时俱进、开拓创新、争创一流，必须走教学立校、科研强校、人才兴校、依法管理治校、行政后勤稳校，改革开放活校的路子。党校的各项工作是个有机的整体，教学、科研、行政、后勤四个方面互为依托，缺一不可。

二是立足本职，当好主要领导的助手。如果我能当选，一定要实现两个转变：一是实现由一名普通干部向组织领导者的角色转变。当好校长的副手和参谋，协助校长带领全校教职工向创建一流党校目标迈进。二是实现思维方式的转变，从原来的领导交办，办就办好向应该办什么、怎样去办好的思维方式转变，对自己分管的工作要认真负责，落实到位。

三是脚踏实地，当好教师的勤务员。党校工作，教学是中心，行政后勤是保障。如果我竞选成功，我一定会积极了解和关心党校教师的工作、生活需要，从实实在在的事情抓起，从一点一滴做起，当好老师的勤务员，解决教师的后顾之忧。为做好我市干部培训、轮训工作尽自己一份力。

各位领导、各位评委，公开选拔、竞争上岗，有上也有下，无论上下，我都将一如既往地勤奋学习，努力工作。

谢谢大家！

竞聘省委办公厅领导致辞

范文在线赏析

【致辞人】来自省委办公厅的竞聘者

【致辞背景】在省委办公厅秘书四处处长的竞聘会上致辞

尊敬的各位领导、各位同志：

大家好！

根据我厅《机构改革处级职位竞争上岗实施办法》的规定和要求，我参与竞争秘书四处处长职位。现将我的简历、设想向各位领导和各位同志作简要汇报。

一、我的简历（略）

二、竞争四处处长的想法

我之所以竞争秘书四处处长，并不是自己比其他同志有什么特别的优势和过人之处，而是基于以下几个方面的考虑。

（一）希望通过轮岗多深入基层，接触实际，联系群众。我到办公厅×年，有×年在领导身边工作，受到了许多教育和启发，也学到了不少知识，但很难有到基层学习调研的机会，而秘书四处的工作下基层的机会较多，特别是有机会深入农村，到边远民族贫困地区，更好地为基层和群众服务。

（二）希望参加起草各方面的文稿，在文字和写作上全面锻炼提高自己，更好地为领导当好参谋助手。我曾在州县党办任过多年的副主任，都是直接从事和分管文字工作，自己曾多次起草过州委全会的报告和领导致辞及调研报告。若能在秘书四处工作，就有更多的机会参与文稿的起草，写作水平和文字能力将会得到更多的锻炼和提高，这样就能发挥自己的特长，更好地为领导当好参谋和助手，更好地服务于省委的工作。

（三）热心做好秘书四处的工作。今年五月，秘书四处处长空缺，厅务会长安排我到四处主持工作。虽然自己思想上有顾虑，有压力，但还是服从了组织的安排，在完成工作任务的同时，大胆履行四处处长职责，保证了四处工作的正常进行。

（四）自己有信心有能力做好四处处长的工作。一是在政治上能同中央保持一致，坚持拥护党的路线方针政策，近两年来参加中央党校函授学院经济管理研究生班的学习，马列主义理论功底有所增强，学习掌握了有关专业知识。二是有较丰富的办公室工作经验和较强的写作能力。三是有较强的事业心、责任感，并有吃苦耐劳的精神。在自己近几年参加记录的二百多次会议中，没有因为粗心大意而误事，没有请过一次公休假，有时生病，也是坚持完成任务后才去看病打针，加班加点更是常事。

三、做好秘书四处处长工作的设想

根据秘书四处的具体职能和要求，如果我能竞争上处长职位，我要注意三个"做到"和重点抓好三项工作。

三个做到分别是：

（一）做到进一步处理好与有关部门和厅内各处室关系。副书记分管的部门和单位有近20个，工作任务重，涉及面广，跨度大。要为领导当好参谋助手，就要加强同这些部门的联系，协调好同这些部门的关系，虚心向这些部门的同志学习请教，不能高高在上，自以为是。做好工作，更离不开厅内各局处室的大力支持配合，因此，要主动同各局处室商量，求得支持，密切协作。

（二）做到廉洁奉公，树立好公务员的形象。我们的工作就是服务工作，是普通的公仆，因此，必须摆正位置，做到既服务到位，又不越权越位，一定要谨言慎行、洁身自好。不能凭借在领导身边工作的便利条件托关系、办私事、捞好处。既要树立好自身的形象，又要维护好省委领导和办公厅的形象。

（三）做到关心和团结全处同志，形成坚强的战斗集体。对全处的同志要从政治上、工作上、思想上、生活上多加关心，充分调动大家的积极性，同时要严格要求。要继续发扬四处好的传统，切实加强处内的思想作风和业务建设。要坚持过好组织生活，加强政治学习和开展思想政治工作。要制定切实可行的规章制度。作为处长，要求同志们做到的自己首先要做到，以身作则，起好表率作用。

三项工作分别是：

（一）努力提高文稿质量，加强政务服务。（略）

（二）积极主动搞好调查研究，切实当好领导的参谋。（略）

（三）认真负责做好领导的日常事务工作，真正当好领导的助手。（略）

以上汇报，有不妥之处请同志们批评指正。

谢谢大家!

竞聘市委办公厅领导致辞

范文在线赏析

【致辞人】市委办某部门副主任

【致辞背景】在市委办竞岗会议上致辞

尊敬的各位领导、同事们:

大家好!

去年我有幸加入到市委办这个人才济济、团结又温暖的大家庭。今年是我的而立之年,常言道:三十而立。在充满生机与活力的新世纪,在日新月异的知识经济时代,在竞争激烈、挑战与机遇并存的今天,扪心自问,我能立什么?我深思过,迷惘过,也无奈过。古人讲:天生我材必有用。适逢这次难得的竞岗机会,我本着锻炼、提高的目的走上讲台,展示自我,接受评判,希望靠能力而不是靠运气为自己的而立之年留下点什么。

站在大家面前有点单薄瘦弱的我,稳重而不死板,激进而不张场,温和而不懦弱,愚钝而不懒惰,正直而不固执。我××××年××月考入××××学院,××××年,非常荣幸地被选拔到市委办工作,在此,我衷心感谢领导和同仁的厚爱。与大家共事一年来,我既有不小的压力,更有无穷的动力。

我没有辉煌的过去,只求把握好现在和将来。今天,我参加×××副主任职位的竞争,主要基于以下两个方面的考虑:

第九章　岗位变动致辞

一是我认为自己具备担任副主任的素质：

（1）有吃苦耐劳、默默无闻的敬业精神。我是一个农村孩子，深深懂得"宝剑锋从磨砺出，梅花香自苦寒来"的道理。当兵前，我参加过"双抢"，上山砍过柴；当兵后，经受过炎炎烈日下负重50多斤日行50公里的考验，更经历了八年大西北恶劣自然环境和艰苦生活条件下的磨炼。严格的军营生活培养了我"流汗流血不流泪"和"特别能吃苦、特别能忍耐、特别能战斗、特别能奉献"的良好品质。我爱岗敬业，工作踏踏实实、兢兢业业、一丝不苟，不管干什么从不讲价钱，更不怨天尤人，干一行，爱一行，努力把工作做得最好。

（2）有虚心好学、开拓进取的创新意识。爱因斯坦说过："热爱是最好的教师"。我平时爱读书看报，也读了一些有关政治、经济方面的书籍。到办公室工作后，我谦虚好学，不耻下问，系统学习了有关业务知识和各级各类文件精神，初步具备了一个部门领导所必须掌握的业务知识和政策水平。我思想比较活跃，爱好广泛，接受新事物比较快，勇于实践，具有开拓精神；同时我朝气蓬勃，精力旺盛，工作热情高、干劲足，具有高昂斗志。

（3）有严于律己、诚信为本的优良品质。我信奉诚实待人、严于律己的处世之道。我曾经多年在上百人的连队工作，既要维护连队干部的权威，又要和战士们打成一片，正因为具有良好的人格魅力和做人宗旨，我同战友们建立了亲如兄弟的深厚感情，受到了战士们的爱戴。到市委办工作后，我在日常生活和工作中，不断加强个人修养和党性锻炼，以"老老实实做人、勤勤恳恳做事"为信条，严格要求自己，尊敬领导，团结同志，应该说得到了领导和同事的肯定。

（4）有雷厉风行、求真务实的工作作风。××年的军旅生涯，培养了我雷厉风行、求真务实的工作作风，养成了我遇事不含糊，办事不拖拉的工作习惯。造就了我不唯书、不唯上、只唯真、只唯实的工作态度。

二是我认为自己具备担任副主任的才能——具有一定的政治素养和一定的管理能力。

假如我有幸竞聘成功，我将笨鸟先飞，不负众望，不辱使命，做到"以为争位，以位促为"。

第一，摆正位置，当好配角。在工作中我将尊重上级领导的核心地位，维护上级领导的威信，多请示汇报，多交心通气，甘当绿叶。辩证地看待自己的长处和短处，扬长避短，团结协作，做到：到位不越位，补台不拆台。

第二，加强学习，提高素质。一方面加强政治理论知识的学习，不断提高自己的政治理论修养和明辨大是大非的能力。另一方面是加强业务知识和高科技知识的学习，紧跟时代步伐，不断充实完善自己，使自己更加胜任本职工作。

第三，扎实工作，锐意进取。既发扬以往好的作风、好的传统，埋头实干，扎实工作，又注重在工作实践中摸索经验、探索路子。

毋庸置疑，在各位领导和同事面前，我还是一个才疏学浅、相对陌生的学生或者新兵；平心而论，我到办公室工作的时间短，参加竞争，我一无成绩，二无资历，三无根基，优势更无从谈起。是拿破仑的那句"不想当将军的士兵不是好士兵"在激励着我斗胆一试，响应组织号召，积极参与竞争，我不敢奢求什么，只想让大家认识我、了解我、帮助我，抑或喜欢我、支持我。也正因为如此，我更加清楚地看到了自身存在的差距，促使我在以后的工作当中，励精图治，恪尽职守，努力学习，勤奋工作，以绵薄之力来回报组织和同志们。

谢谢大家！

国税局领导调动致辞

范文在线赏析

【致辞人】国税局领导

【致辞背景】在欢送调动干部的茶话会上致辞

各位同志：

首先，感谢××市局党组和同志们为我组织这样一个欢送会。面临即将离开的奋斗多年的国税系统，走上新的工作岗位，此时此刻，我内心十分复杂。既有对我们市局的无限留恋，又有对两年多来关心帮助我的同志们的依依不舍。最近一段时间，回想在市局工作的800个日日夜夜，与领导、同志们在一起的一幕幕场景、一个个瞬间，仍历历在目，难以忘记。

一是忘不了在市局工作两年多的人生经历。从××××年××月××日到市局报到，到现在已经两年多了。两年多来，在市局党组的正确领导下，在同志们的帮助支持和配合下，我们大家一道强化管理，狠抓落实，市局各项工作都取得了显著成绩。能够和大家一起同心同德干工作，群策群力抓落实，共同见证市局的发展变化，我感到十分荣幸和自豪。在与党组几位老大哥的合作共事中，我学到了很多管理方法；在与同志们一起工作的过程中，我学到了基层经验。可以说，是市局党组的好作风鼓舞了我，是同志们的好精神感染了我，从而使自己各方面得到丰富和完善，感觉受益良多。回顾过去，是市局给了我学习锻炼、进步成长的平台；在市局工作的这两年，是我新的起点，是弥足珍贵的两年，是我最宝贵的人生经历。

二是忘不了与同志们的深情厚谊。两年来，无论市局党组、中层干部，还是一般同志，都给予了我很多的支持与帮助。我深知，离开组织和同志们的关心爱护、支持帮助，自己将一事无成。人应当有一颗感恩之心。这些都是我十分感谢的。

两年来，身处市局这个和谐大家庭之中，与领导和同志们建立起了深厚的工作友谊和兄弟姐妹般的情谊，这份感情、这份缘分，实在难以割舍。这份深情厚谊，对我来讲，是一笔宝贵财富，既是精神支柱，也是动力源泉，我会用心珍藏，一辈子不能忘。

三是忘不了各位局长的鼓励和同志们的期望。回顾这两年，总觉得自己水平不高、能力有限，工作做得还很不够，不足之处还很多。总觉得为市局做得太少、组织上给予自己的却很多；为同志们做得太少、大家关心我很多。最近，领导和同志们给予我很多的鼓励和嘱托，提出了很多的期望和建议。这些，我都会认真地记住，在新的环境、新的岗位上，不断地加强学习，改进工作，完善自己，把我们局的好传统带到新的岗位去，争取把工作做得更好。也请领导和同志们多给我提出宝贵意见。

这次茶话会后，我马上就要到新岗位报到了。现在的心情确实是依依不舍。好在我还是在咱们市里工作，我们还会经常见面。今后，无论在哪里工作，我都会珍惜这份经历，珍惜这份感情；我都会认为自己仍然是一个国税人，永远都会心系国税；永远想念我最尊敬的领导和最亲爱的同志们；永远忘不了国税局这个家。

最后，再次向大家道一声感谢。衷心祝愿我们的国税事业兴旺发达，衷心祝愿领导和同志们工作顺利，万事如意。

谢谢大家！

劳动局领导就职致辞

范文在线赏析

【致辞人】劳动与社会保障局局长
【致辞背景】在颁发任命书大会上致辞

各位领导、同志们：

市××届人大常委会第××次会议任命我为劳动和社会保障局局长。今天又参加这次庄重严肃的颁发任命书大会，我的心情很不平静。接到任命书后，手执党和人民赋予的神圣权力，我深感自己肩负的担子之重、责任之大。如何履行好局长的职责？如何把全市的劳动和社会保障工作推向一流？如何向党和人民交一份合格的、称职的、满意的答卷？借此机会，我向市委、市人大常委会、市政府以及各位领导和同志们表个态：

一、加强学习，苦练内功，不断提高自身素质

过去从事基层工作多年，现在走上新的工作岗位，面对新的工作内容，我深刻地认识到，要想开展好工作，就必须放下架子，认真虚心地学习。一是加强政治学习，二是加强业务学习。根据履行职责的需要，认真抓好法律法规的学习，对与本职工作相关的法律法规和政策，不仅要弄懂，而且要弄通，要当行家里手式的领导干部。为适应新形势和新任务的要求，还要认真学习和掌握市场经济、现代科技、现代管理、财经金融等一切反映当今世界发展的新知识，不断扩充自己的知识面，跟上时代发展的步伐。通过坚持不

懈地学习，进一步提高自身素质和工作本领，增强改革意识和创新意识，以新的姿态迎接新的任务。

二、严格执法，依法行政，自觉接受人大监督。

劳动和社会保障局作为政府职能部门，执法任务艰巨。执法责任重大。作为该部门的主要负责人，我要把严格执法、依法行政作为自己的首要职责。具体工作中，带头学习和宣传法律，不断增强全社会的法制观念和法律意识；带头落实执法责任制，依法行使职权，加大执法力度，提高执法水平；健全和完善监察机构，把劳动保障监察工作尽快纳入规范化、制度化、法制化轨道。坚持对党负责和对人民负责的一致性，自觉摆正位置，虚心接受人大及其常委会的监督。

三、立足本职，奋发进取，努力开创一流业绩。

做好劳动和社会保障工作意义重大。根据全市劳动和社会保障工作会议精神，我们确定了……（工作目标略）

四、廉洁奉公，勤政为民，始终保持和维护一名党员领导干部的公仆形象。

多年来的工作实践使我深刻认识到，领导干部必须廉洁勤政，以身作则，率先垂范，以自己的实际行动树立党和政府全心全意为人民服务的良好形象。劳动和社会保障工作事关全市改革发展稳定大局，事关职工群众的切身利益。作为本系统的一名主要负责人，我决心始终牢记党的宗旨，恪守"宁公而贫，不私而富"的古训，模范地执行各级党委政府关于廉洁勤政的各项规定，从世界观、人生观、价值观上构筑起拒腐防变的思想防线；在实际生活中做到防微杜渐，自觉抵制拜金主义、享乐主义、极端个人主义和各种腐朽思想的侵蚀。要清醒地认识到，自己手中的权力是人民赋予的，只能用来为人民谋福利。决不能用来为自己获取私利，经受住执政和改革开放的考验，做到堂堂正正做人，清清白白做事；要立党为公，掌权为民，严格管理家属、子女和身边工作人员，真正做到

第九章 岗位变动致辞

"为官一任，正气一身，造福一方"；要增强群众观念，时刻牢记人民在我心中，常怀为民之心，常开为民之言，常思为民之策，常兴为民之举；要切实转变工作作风，深入实际搞好调查研究，倾听群众呼声，了解群众意愿，努力为人民群众办实事、办好事，最大限度地维护、实现和发展好人民群众的根本利益。

各位领导、同志们，我自觉责任重大。我一定以这次大会为新的起点，大力发扬敢为人先的创新精神，一步一个脚印地前进，为实现我市"五年内再造一个新××"的宏伟蓝图，作出自己应有的贡献。

文联主席就职致辞

范文在线赏析

【致辞人】新当选文联主席
【致辞背景】在新任文联主席的就职典礼上致辞

各位领导、各位代表，同志们、朋友们：

××县文学艺术界联合会第四次代表大会圆满完成各项议程，即将胜利闭幕。会上，我非常荣幸地被推选为县文联第×届委员会主席。对担此重任，本人深感才疏学浅，力不从心，诚惶诚恐，但我仍然要真诚感谢各位代表对我的信任。我深知此项工作责任重大、使命艰巨，我定会鼓足勇气，增强信心，和文联班子全体成员一起，努力发挥好文联的桥梁、纽带作用，竭尽全力搞好文联的各项工作。

一是围绕中心，服务大局。当前，××正处于跨越提升、负重拼搏的关键发展时期。文艺事业是和谐社会建设的重要组成部分，是一个地方的精、气、神，我们一定不辜负县委、县政府对我们的殷切期望，团结广大文艺工作者，紧紧围绕县委、县政府的中心工作，把握好先进文化的正确方向，奋力拼搏，踏实工作，勤奋创作，大力培育"同心、苦干、求实、争先"的××精神，为全县经济社会发展营造良好的文化氛围，提供精良的智力支持，为××早日建设成文化强县、丘陵地区经济强县而努力贡献自己的力量。

二是打造精品，服务群众。我们一定要团结和带领全县广大文艺工作者，坚持"二为"方向和"双百"方针，按照县委要求，立足××实际，深入城乡社区，虚心向群众学习，从现实生活中汲取创作营养、激发艺术灵感，努力创作一批人民群众所喜闻乐见的优秀作品，不断满足群众的文化生活需要，不断满足社会日益增长的精神文化需求。

三是加强联络，服务协会。我们将认真履行联络、协调、服务的各项职能，要急文艺事业发展之所急，要想文艺创作之所需，努力把文联建设成为我县广大文艺工作者的温馨之家。我们将积极协调好党政机关与文艺协会之间的工作联系，积极向上争取资金，为文艺创作、展览、演出、培训等创造条件。并认真倾听文艺工作者的意见和建议，不断壮大文艺队伍，努力建立适合市场经济和文艺工作发展规律的组织体制、运行机制和活动方式，促进我县文艺事业的更大繁荣和发展。

"雄关漫道真如铁，而今迈步从头越"。我们坚信，在县委、县政府的领导下，在人大、政协的支持下，只要我们齐心协力，开拓进取，与时俱进，一定能创作出更多思想精深、艺术精湛的优秀文艺作品，抒写出××文艺事业更加光辉灿烂的新篇章。

第九章 岗位变动致辞

医院领导就职致辞

范文在线赏析

【致辞人】医院领导

【致辞背景】在就职仪式上致辞

各位领导、同志们：

根据组织安排，我到咱们医院任职主持工作。我深感肩上担子的分量和责任的重大。今天与班子见面，各项工作也就全面进入了正轨。借此机会，谈几点感性认识和一些想法，与大家共勉，不当之处，请各位领导及班子成员指正。

作为全市医疗机构的龙头，多年来，在市委、市政府的正确领导下，在历届领导班子打下的坚实基础上。我们医院无论是整体外观形象还是内部建设，无论是基础设施改善还是医疗水平提高，无论是学科建设还是医德医风树立，各方面都有了长足进步。在我市来讲，其医疗和服务水平，毋庸置疑；其地位和作用，不可替代；其设施和技术，无可比拟。

悬壶济世，救死扶伤，是我们医生工作的天职。作为一个特殊的单位，我认为，我们的各项工作，必须紧紧围绕达到"三个基本满意"，即让领导基本满意，让职工基本满意，让群众基本满意。实现这"三个基本满意"，就要我们领导班子和全体员工真正树立起主人翁意识，同心协力，同舟共济，人人尽一份努力，人人作一份贡献。作为班子领导，在任职期限内，在市委、市政府的坚强领导下，在卫生局的大力支持下，在同志们的密切配合下，我有决心、有信心带领全体员工，为了我们共同的目标，不遗余力，把各项工作做好，向上级党组织和全体员工交上一份合格的答卷。

经过最近几天的思考，我认为，在今后的工作中，有这么几点需要我们，尤其是我个人，要牢牢把握好：

第一，千方百计加强学习。我在党政机关单位工作多年。今天到医院任职，这对我来讲，既是一项全新事业，又是一片崭新的领域。许多方面需要我尽快熟悉和掌握。从这个层面来讲，这不仅仅是对我个人能力、学识水平的检验，更是对我事业心、责任感的一次全面检阅。

第二，千方百计增进团结。团结出战斗力，团结出影响力，团结出效益。作为医院的主要负责同志，在班子内部，我要带头讲团结，带头讲大局，带头讲和谐，以班子团结促进全员团结。同时，要增强民主意识，发扬民主作风，推行民主决策、民主管理、民主监督，把方方面面的积极性调动好、发挥好、保护好。整个医院能否成为一个团结向上的集体，关键在于我们班子成员，对班子成员，我要放手、放松，大胆支持其工作。也请各位成员之间相互协调好、配合好，共同把我们自己的事情办好。

第三，千方百计加快医院发展。要把医院的发展作为第一要务，作为自己工作的全部内容，立足把服务市场做大，把临床学科做强，把医疗技术做精，狠抓各项措施的落实。重点在以下"四个致力"上下功夫：一是致力加强人才队伍和学科建设；二是致力创新服务模式；三是致力强化各项管理工作；四是致力员工知识、智力、素质和觉悟的全面培训和提高。（略）

第四，千方百计加强自身建设。结合新的工作实际，要着重把握和解决好三个方面的问题：一是要密切联系群众；二是要发扬艰苦奋斗的作风；三是要树立清廉之风；以上三点，我会以个人良好的作风带动和促进医院的行风建设。请大家监督我、支持我。

多年来的工作实践。我给自己立下了这么个信条,就是不求惹眼政绩,但求无愧吾心。在新的岗位,我也不许什么漂亮的诺言,我认为实实在在的行动、扎扎实实的工作才是重要的,真正做到为官一任、造福一方。

总之,我要通过自己和在座各位的共同努力,真正把我们医院建成我市"一流环境、一流技术、一流服务、一流设备"的高水准、上档次医院。决不辜负组织的重托,决不辜负大家的期望和厚爱。

烟草局领导调动致辞

范文在线赏析

【致辞人】烟草局领导

【致辞背景】在离职告别会上致辞

各位领导、同志们:

你们好!

刚才,×××同志代表市局党组宣布了××烟草局(公司)领导班子变动情况的决定。首先,我对市局的安排表示衷心的拥护,因为这是工作的需要。同时,我也非常感谢组织对我的关爱和照顾。

我在××烟草局工作了××年,其中担任一把手×年×个月有余,在此期间,我和大家朝夕相处,一起生活和工作,我认为跟大家已建立了深厚的友谊和真挚的感情。从班子来看,我们××烟草局的班子，始终是一个团结、务实、开拓、创新的班子，是一个能够战斗的堡垒。从我局的干部队伍来看，是一支素质较高，业务较强，步调一致，能打善战的较为整齐的队伍。从我们××烟草局工作来看，多年来对上级交办和地方党委政府布置的各项工作任务，两烟经营专卖管理工作目标，都能够按时、按要求、高标准、高质量去完成。从××烟草局内部环境来看，也得到了彻底的改观，干部职工工作生活环境和个人待遇也得到很大改变和提高。从外部环境来说，通过我们多年坚持严带队，重服务，善协调，得到了广大烟农和零售客户的高度赞扬，也得到了社会各界对我们××烟草局所做的工作的认可和肯定。以上这些成绩的取得，是市局党组正确领导和支持的结果。是地方党委、政府支持和关爱的结果，是各职能部门配合帮助的结果。是我们××烟草局全部干部职工团结奋进、齐心协力、积极努力的结果，在此，我衷心地感谢各级领导和大家，感谢你们多年来对我工作的支持和帮助，对我生活的关爱和照顾。

作为我个人，自从在××工作以来得到了领导和同志的关心和帮助、配合和支持，我深深感受到大家对我本人是信任的。对我的能力是认可的。在工作能力上，我个人的能力并不强，但我靠的是集体的力量。总的来讲我们班子还是能够总揽全局的，在决策议事上还没有大的失误，在协调内外关系上，我们××烟草局应该说基础已打好，和谐氛围已形成。所谓基础，就是班子队伍团结，整体政治、业务素质相对较强，管理相对规范，两烟经营专卖管理工作相对扎实，企业形成良性循环。所谓和谐氛围：就是内部风气正，人心齐，心情舒畅，这一支队伍能拉得出、打得赢。

在过去的工作中，作为××烟草局一把手，在班子成员的支持下，我尽最大的努力。做了一些有利于全局、有利于同志们的事情，有一些还在实施之中，有一些没能够实现，我也备感遗憾！"人非圣贤，孰能无过"，我在工作中，肯定会有一些事情，难以做到恰到好处，虽然我讲原则、重感情，但由于对工作要求过严、过急，难免会伤害一些同志的情感和自尊，在此我深表歉意，恳请谅解！我相信，同志们都能从工作角度对我个人和我的工作给予理解。谢谢你们！

"人生自古伤离别"。工作的需要不以我个人的意志为转移，我要遵照市局安排，离开我曾经生活和工作过的地方，离开与我并肩战斗的同志们。虽然离开了这里和大家。但我会一如既往地关心××烟草事业的发展，关注同志们的成长和进步。我相信只要同志们携手并肩，真抓实干，以×××同志为首的新一届领导班子一定会率领大家开创××烟草局更加辉煌的明天。我也衷心祝愿×××同志在××烟草局工作顺利，生活愉快！

最后让我把各种情感汇集成对同志们的良好祝愿！祝同志们身体永远健康，家庭幸福和睦，万事顺心如意！

谢谢大家！